enrique reche

ÁRBOL

PINTURA Y DIBUJO

EDICIONES DE LA DIPUTACIÓN DE SALAMANCA
Serie catálogos de exposiciones, n.º 281

1.ª edición: junio, 2025

© Diputación de Salamanca

COMISARIO: Ángel Almeida

FOTOGRAFÍAS: Cristina González

MONTAJE: Hermanos Feltrero

ediciones@lasalina.es
www.lasalina.es/cultura

ISBN: 978-84-7797-776-6
Depósito Legal: 173-2025

IMPRESIÓN: Imprenta Kadmos

Enrique González Reche está considerado como uno de los más firmes pilares del hiperrealismo español, y esto lo asegura ni más ni menos que Antonio López, el pintor más cualificado del momento dentro de este estilo.

En su trayectoria, la figura de Antonio López adquiere singular importancia impactando en su temática y ejecución.

Hay una belleza en la naturaleza muy lejos del esplendor con el que habitualmente nos sorprende. Es esa belleza la que hay que buscar o con la que te topas casualmente, como el fragmento de la raíz de un árbol que originó toda esta exposición.

Lo complejo de las formas y las texturas de las "piezas" que componen un árbol hicieron el resto. Óleos, acuarelas, dibujos dan muestra del potencial inspirador de la naturaleza, que muestra desde el realismo más puro hasta la abstracción más contundente.

La brillante técnica multidisciplinar de Enrique le permite explorar diversas posibilidades expresivas dentro del realismo, que cautivará a los presentes. La minuciosidad de sus detalles y formas en cada trazo buscan una transformación constante en la percepción del espectador que dentro de las composiciones, se torna el espacio pequeño.

Invitamos a aquellos que la visiten a disfrutar de la exposición como una aventura entre la razón y la visión, entre el espacio y la naturaleza.

David Mingo Pérez
Diputado de Cultura

Buena parte de los elementos de la naturaleza muestran, desde el realismo más veraz, la expresión abstracta más contundente. Se podría afirmar sin temor a equivocación que la naturaleza expone, de forma continua y cambiante, infinidad de elementos creados desde la absoluta abstracción y posiblemente el mundo vegetal encierre, por sí solo, la mayoría de estos elementos.

Todas y cada una de las obras que componen esta exposición, de título ÁRBOL, nacen con la idea de aislar piezas, o parte de estas, componentes de tan vitales elementos. Solamente recurriendo a la abstracción de formas y texturas se puede llegar a la realidad que se muestra.

Enrique Reche

Enrique Reche, las caras de la realidad

Enrique comenzó a pintar hacia los 15 años, más o menos eran los 80-81. Alguien que le conocía bien le permitió trabajar en un espacio, solo para él, en el que pudiera pintar durante todas las horas que tiene el día. Reche da importancia a este gesto de generosidad en su arranque hacia el arte y a las personas que le arroparon. También agradece al azar, que en ciertos o muchos momentos de la vida puede encaminar, también torcer, el rumbo de cualquier persona. Nosotros y los que le conocemos, damos ahora la mano a un Enrique generoso, que nunca duda a la hora de compartir y apoyar también a sus compañeros pintores.

Conocemos y seguimos a Enrique desde hace años y entre sus valores pictóricos destaca su destreza y capacidad natural para pintar de la realidad. No se trata de habilidad a secas. Es una sensibilidad intuitiva para trasladar al lienzo o papel una manifestación precisa de la realidad.

En parte por eso Enrique trabaja con una seguridad total en su técnica, en su capacidad de abordar un tema de la realidad y llevarlo a su propio terreno. Cada obra es un "ejercicio" de paciencia y destreza, al llevar al límite –su límite– esa observación y pintarla con una pericia controlada y consciente.

Los troncos secos de los árboles, las cortezas, la "piel" en la que crecen pequeñas marcas de color y destrucción, son protagonistas de esta exposición, lo cual le abre la posibilidad de observar el pequeño mundo que encierra cada centímetro de materia. El ejercicio de pintarlo le permite descubrir la riqueza que la realidad le ofrece. La virtud conceptual en una búsqueda de las infinitas facetas de un motivo tratado como un objeto bello que le pertenece a la naturaleza.

Para Enrique, pintar, esculpir y dibujar son una necesidad vital. No entendería la vida, su vida, sin la pintura y todo lo que conlleva. Enrique es un buscador de los elementos de la naturaleza y de la realidad que le emocionan. Las texturas naturales, las tonalidades infinitas, la abstracción que encierran estos elementos le interesan enormemente.

Descubre en una superficie reducida un mundo que funciona por sí mismo. Intencionadamente lo aísla, manipulación medida en su deseo de resaltar la belleza del objeto, de forma consciente lo convierte en un elemento sin aire, fuera de su espacio natural, sin luces ni sombras ni escala. Un objeto en el espacio, en cualquier espacio.

María López Moreno
y Daniela Meneses Imber

Son raíces que recuerdan pequeños cuerpos humanos, con sus miembros amputados, sus troncos desnudos, su anhelo de forma, y, sobre todo, dotados de una misteriosa luz áurea. El trabajo del pintor, en manos de Enrique Reche, consiste en dar testimonio de esa luz. Esa es la razón de su minuciosidad, de su atención a los más mínimos detalles, de su atareamiento infinito. La pintura como ascesis, como búsqueda de una verdad olvidada. En toda labor, viene a decirnos, aun en la más humilde, las virtudes se ejercitan, el ánimo se templa, el ser evoluciona.

Gustavo Martín Garzo

Esencia orgánica

Virtuosismo, vocación, sensibilidad, capacidad de transmisión, limpieza, atmósfera…, son algunos de los adjetivos de calificación que desde mi punto de vista como galerista posee Enrique Reche.

Enrique Reche (Valladolid, 1965) tiene el talento de traspasar con su delicada forma de expresar la naturaleza y llevarnos a un territorio plástico de absoluto proceso y dominio de la técnica, de no dejar indiferente a nadie que se acerque… "muy de cerca", a analizar con precisión la particular forma de llevar a cabo sus trabajos.

"ÁRBOL" es una exposición del maestro, que nos aboca a un mundo estructurado, preñado de matices, aplicando a su obra un realismo puro con una ejecución "cuasi" programada, perfecta, sin estridencias… impecable en concepto y óptica, de un artista que se proyecta desde hace años en sí mismo, analizando con minuciosidad la luz y el color, con rigor también y gran acierto, que transfiere a su obra nitidez, solemnidad, elegancia, solvencia y una gran verdad.

La gran verdad… la esencia orgánica de Enrique Reche.

Ángel Almeida

Certeza en la pintura de Enrique Reche

En una reciente exposición en la galería Espacio 36 de Ángel Almeida en Zamora, la obra de Enrique Reche (Valladolid, 1965) nos invitaba al reconocimiento en su pintura de esta palabra: certeza.

Reche viene de una formación correspondida en amistad después con Antonio López y Cristóbal Toral, además de Julio López. Indudablemente su obra es un eco del mejor realismo que han forjado estos y otros nombres como el de Isabel Quintanilla.

Quizás a un espectador apresurado le puede parecer que la pintura de Enrique Reche es una más de las de tantos pintores que militan en la figuración clásica y casi con un monotema: el de los bodegones de naturalezas muertas. Sin olvidar los espacios que nos rodean de posmodernidad o modernidad, el espectador podría hablar de hiperrealismo, de un hiperrealismo que quiere pagar tributo a la fotografía. Pero se equivocaría. La pintura de Reche tiene mucha mayor hondura y certeza. Reche no se limita a «representar» sino que nos propone una auténtica meditación pictórica: nos aproxima a la eternidad de lo efímero. El resultado es que nos evoca ese concepto febril que es lo efímero que el mismo Tomás Sánchez Santiago propone en su excelente obra «La belleza de lo pequeño». Porque Reche no pinta solo flores, frutos, o raíces o el pan que abre en el escaparate la exposición magnífica, sino prototipos, entidades de ciertas flores y ciertos frutos.

Ortega y Gasset decía que el individuo era él y sus circunstancias. Reche, despoja los temas de su circunstancia y propone fondos planos que descubren, desde la claridad, la entidad del modelo. Sucede que a estos modelos los eterniza en estas obras, pues diríamos que ya les ha quitado el tiempo y casi el espacio en un juego conceptual muy rico, porque el pintor elige para esta «eternización» algo tan efímero como un fruto, una raíz, unas setas, y les da la perennidad platónica de lo modélico, de lo prototípico. No hay posibilidad de huida para desprenderse de esta pintura cuando el artista arriesga en ella, pues el riesgo es un quebrado imposible de descifrar sin talento, de ahí la magia que posee. Acariciar a los clásicos es lo que tiene, pues no es osado pensar que los cuadros con manzanas, por su composición, aluden a algún cuadro de Magritte. Algún crítico ha visto en su obra «el agravio de los días y la tristeza de lo que nos dice adiós». No lo sé, es una pintura la suya de hermosísimas sensaciones, como toda obra que llega al espectador y lo envuelve. El pintor lo consigue quitando a estos «objetos vegetales» de toda referencia circunstancial, haciéndolos casi flotar en unos fondos planos que simbolizan lo intemporal, lo no terrenal, lo permanente, que es lo mismo que lo esencial. De esta forma, los cuadros no son sólo pictóricamente más armónicos sino más significativos.

La pintura de Reche muestra también un minimalismo figurativo en el que la menor figuración, la mínima anécdota figurativa es más certeza y belleza. Más significado, más trascendencia. Y una pintura pintura pintura.

Aníbal Lozano Jiménez

serie "RAÍZ"

10 acuarelas sobre papel super alfa de gvarro
de 250 gr/m^2

medidas 38 x 56 cm

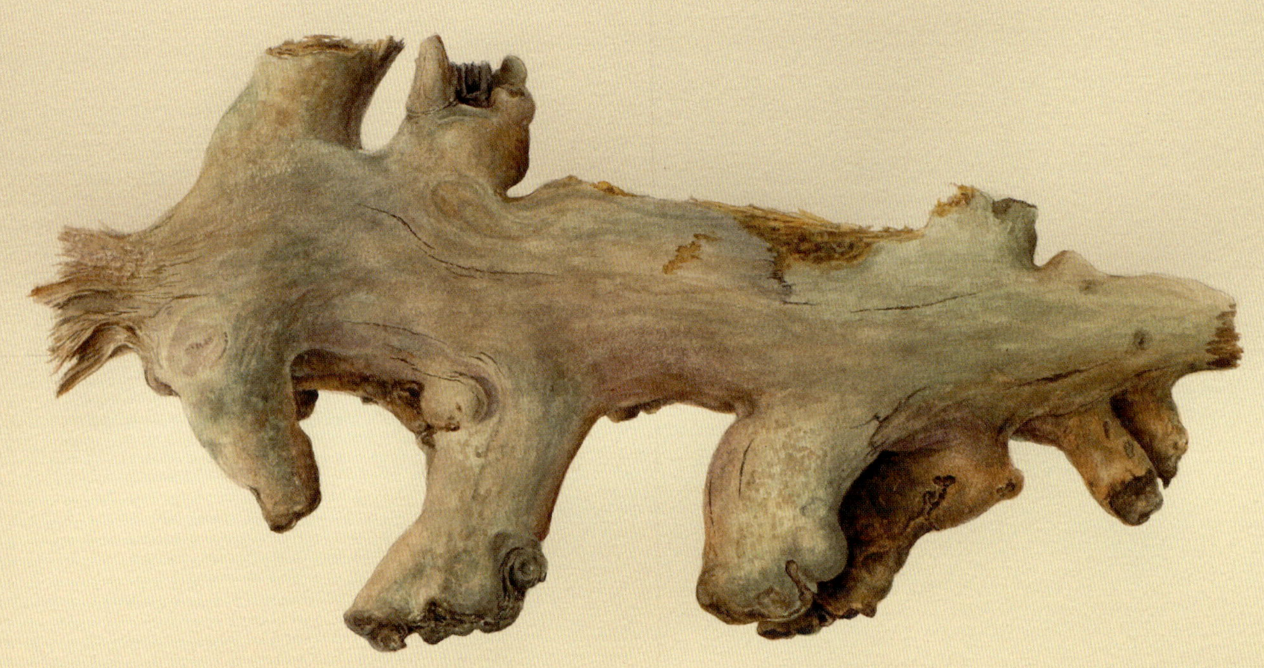

"RAÍZ I"
S. PÉCHÉ
2 0 2 0

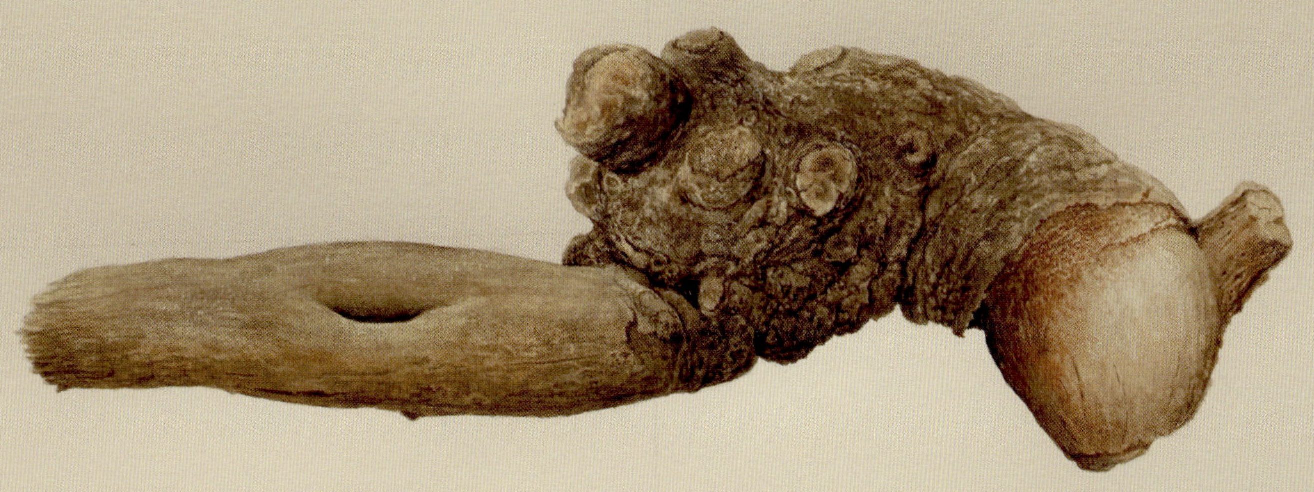

"RAÍZ II"
2020

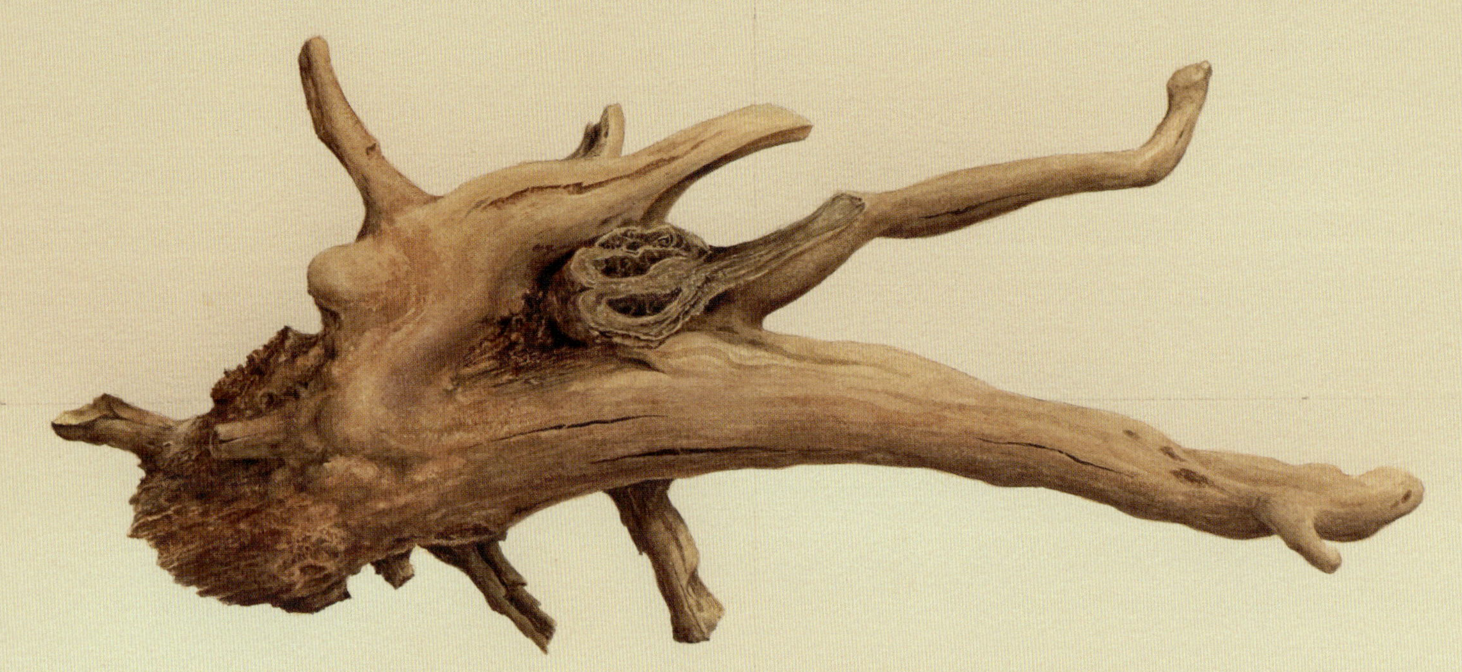

"RAÍZ III"
S. Rocha
2020

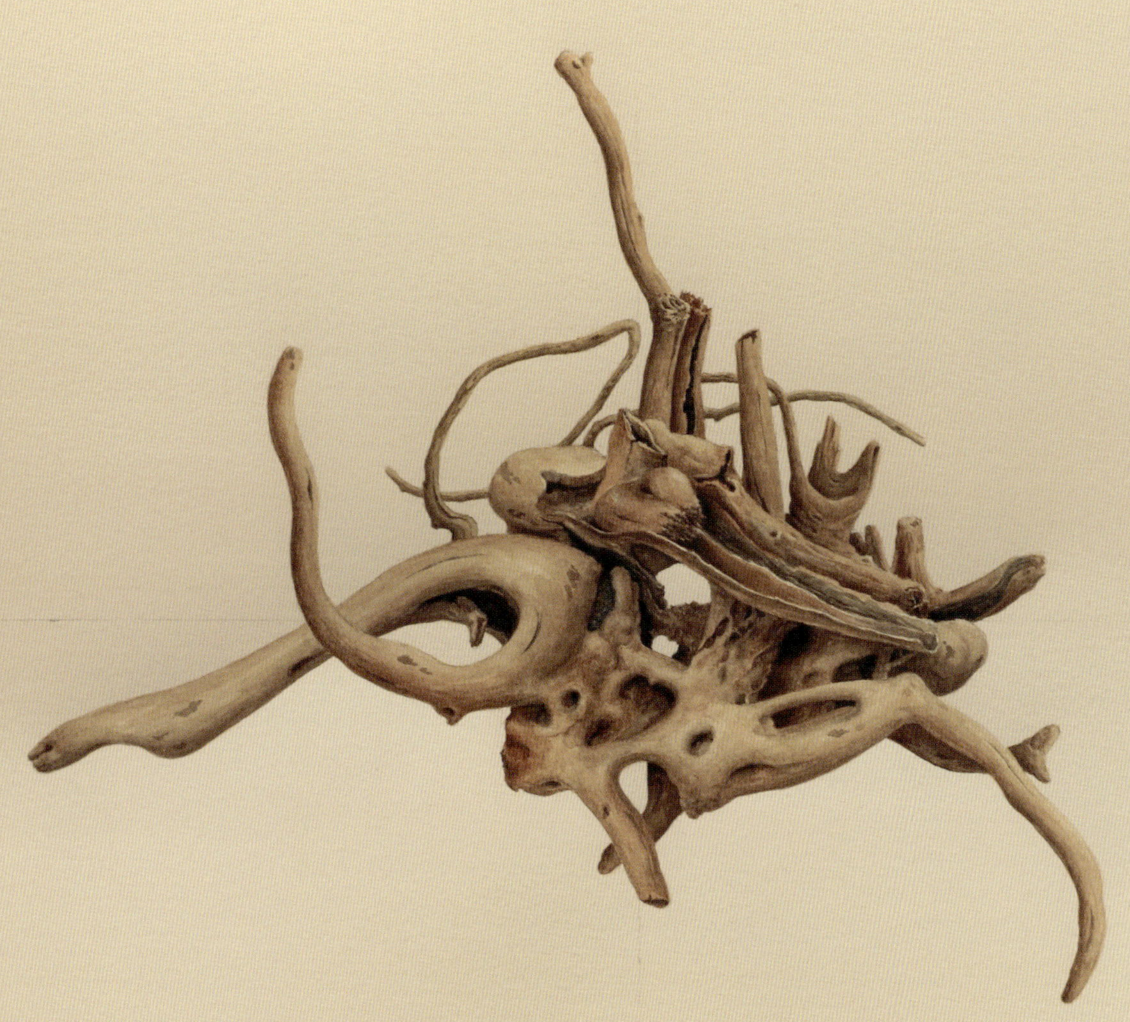

"RAÍZ IV"
J. Rocha
2 0 2 0

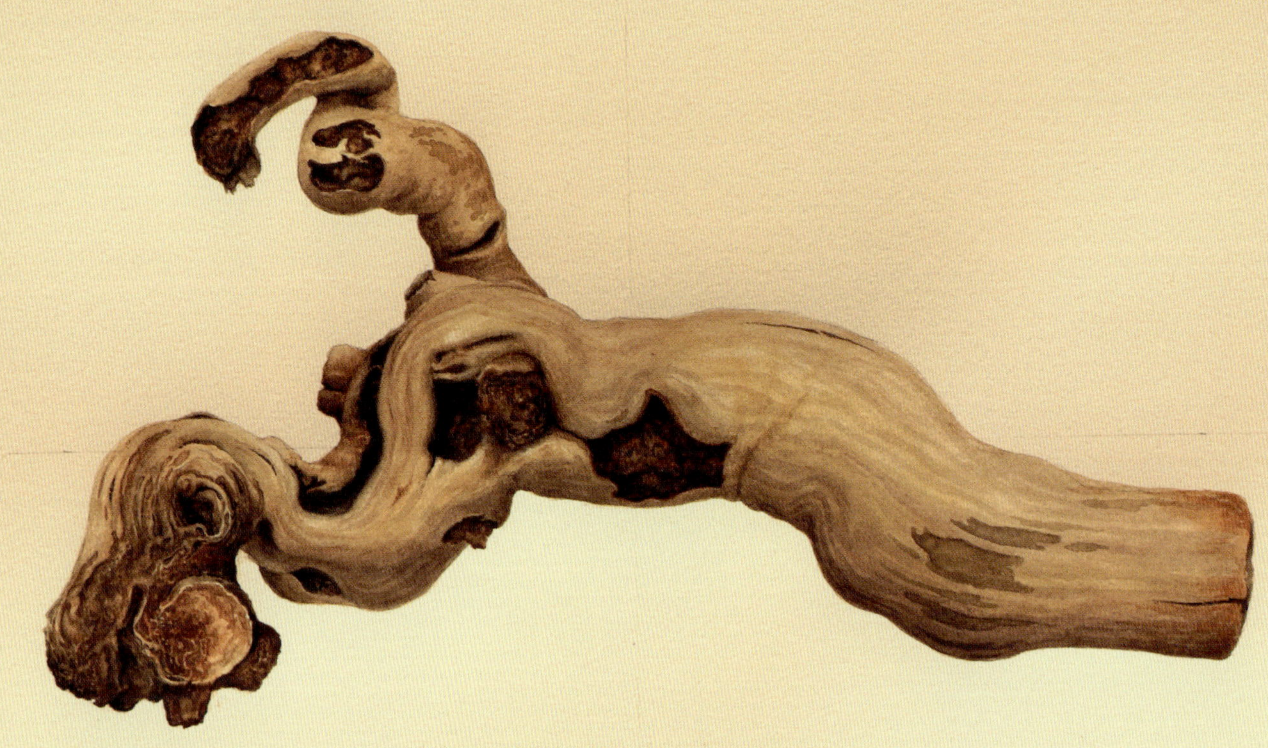

"RAÍZ V"

J. RECH

2 0 2 0

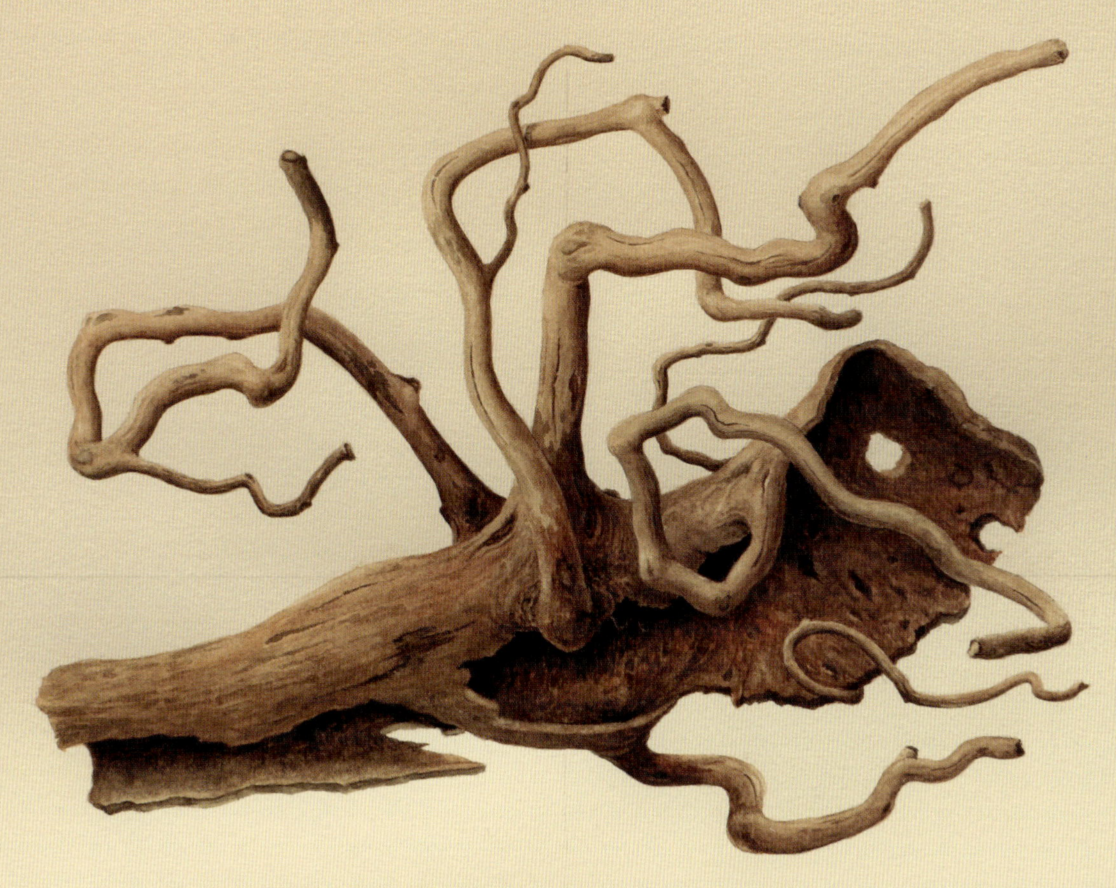

"RAÍZ VI"
S. RECH
2 0 2 0

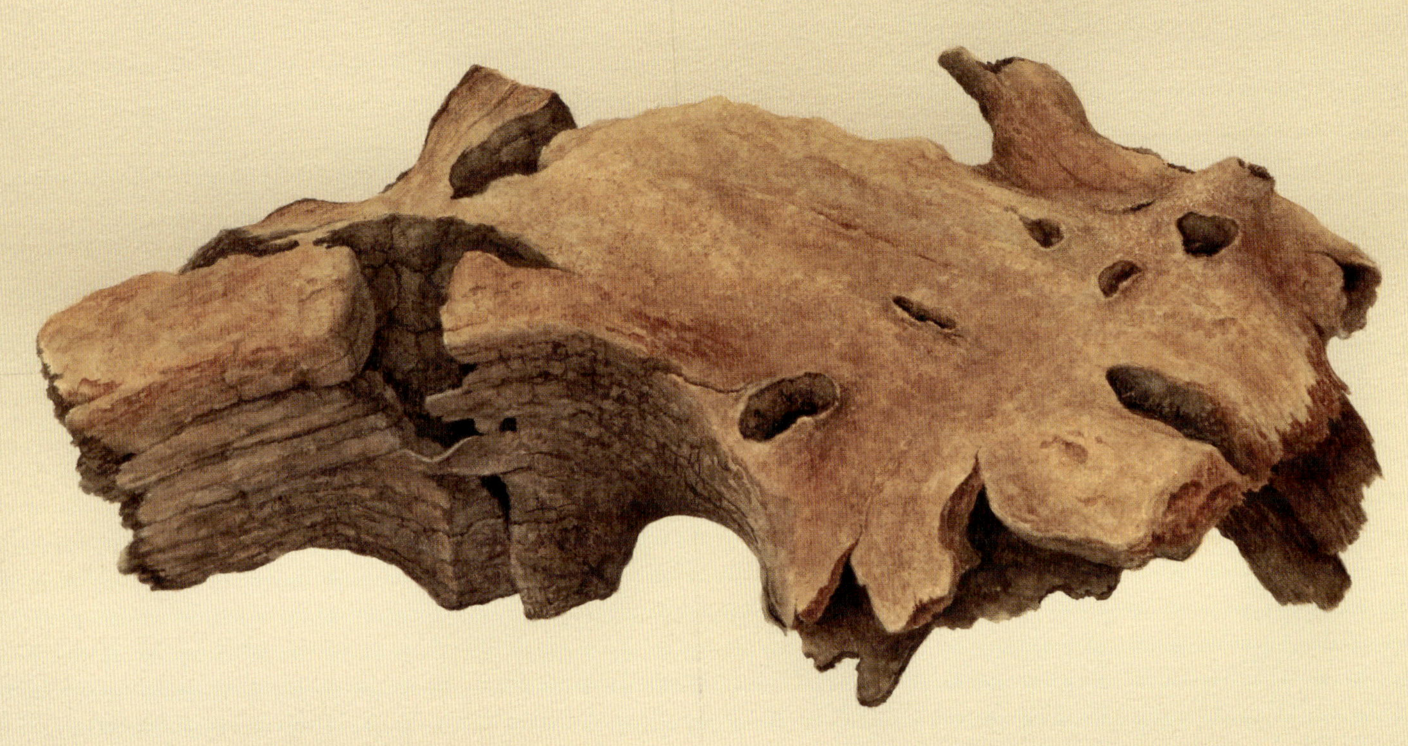

"RAÍZ VII"
S. ROCHE
2 0 2 0

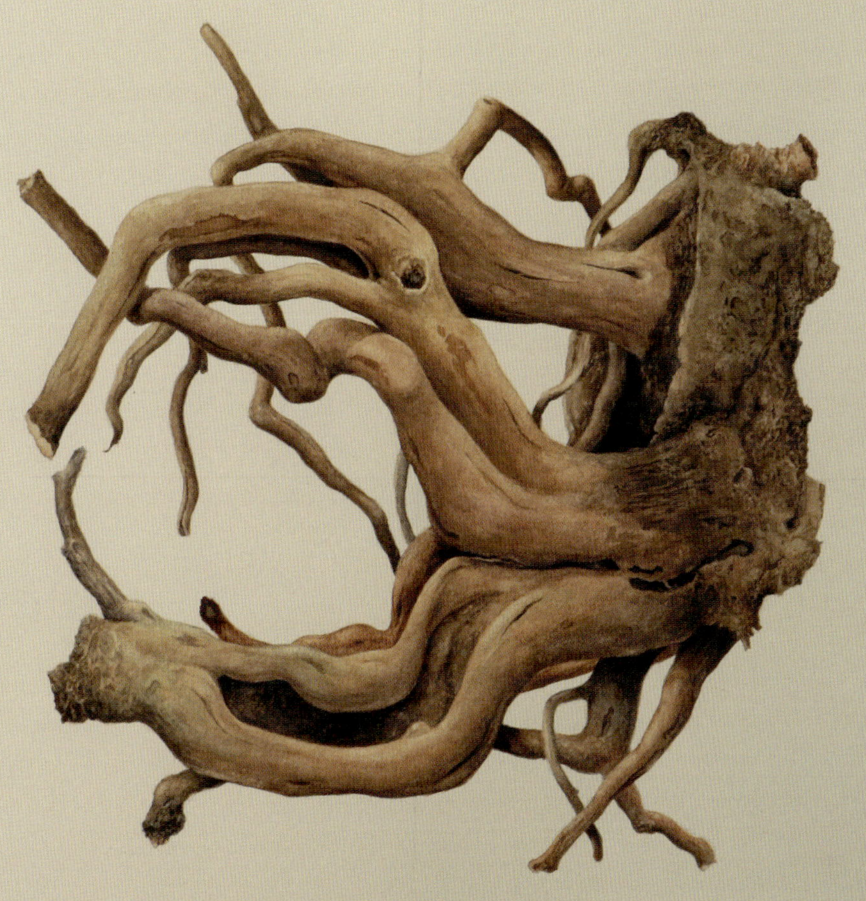

"RAÍZ VIII"
Š. Róchò
2 · 0 · 2 · 0 ·

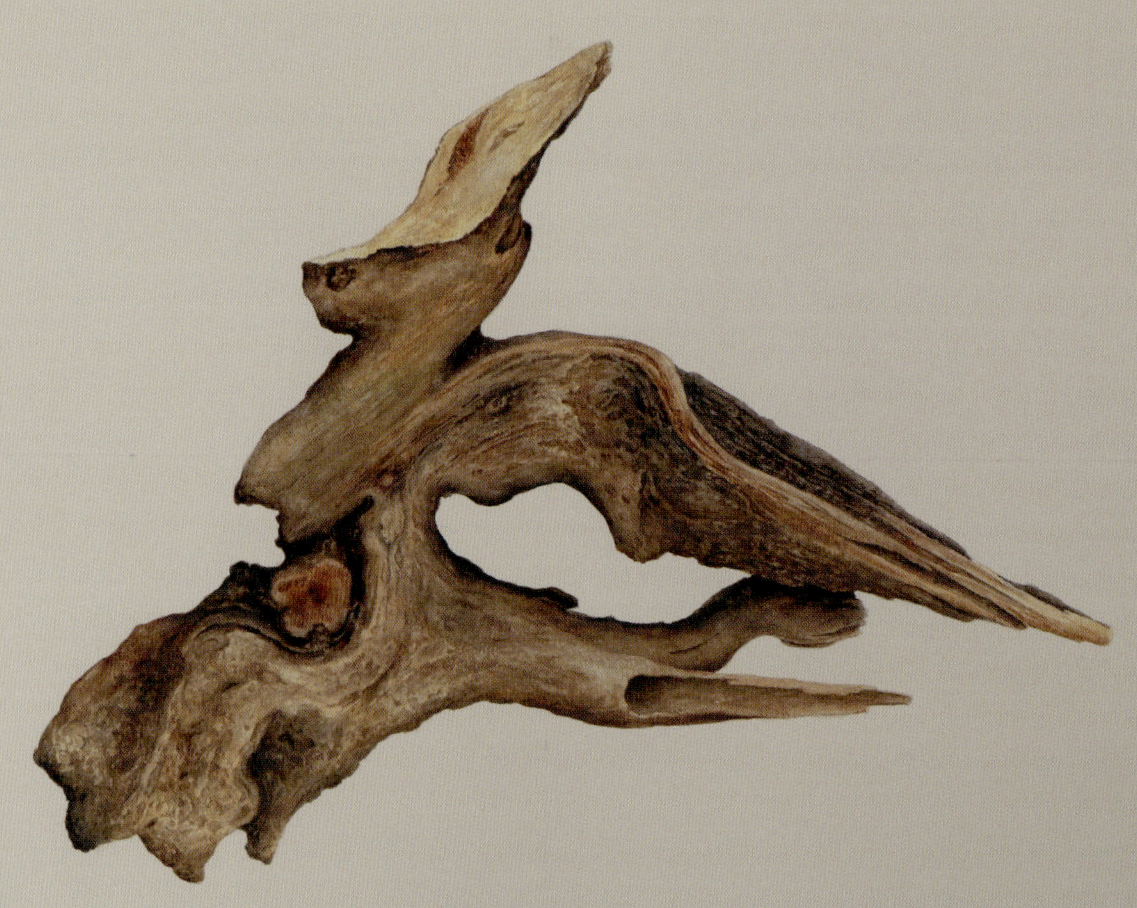

"RAÍZ IX"
S. ROCHÉ
2 . 0 . 2 . 0

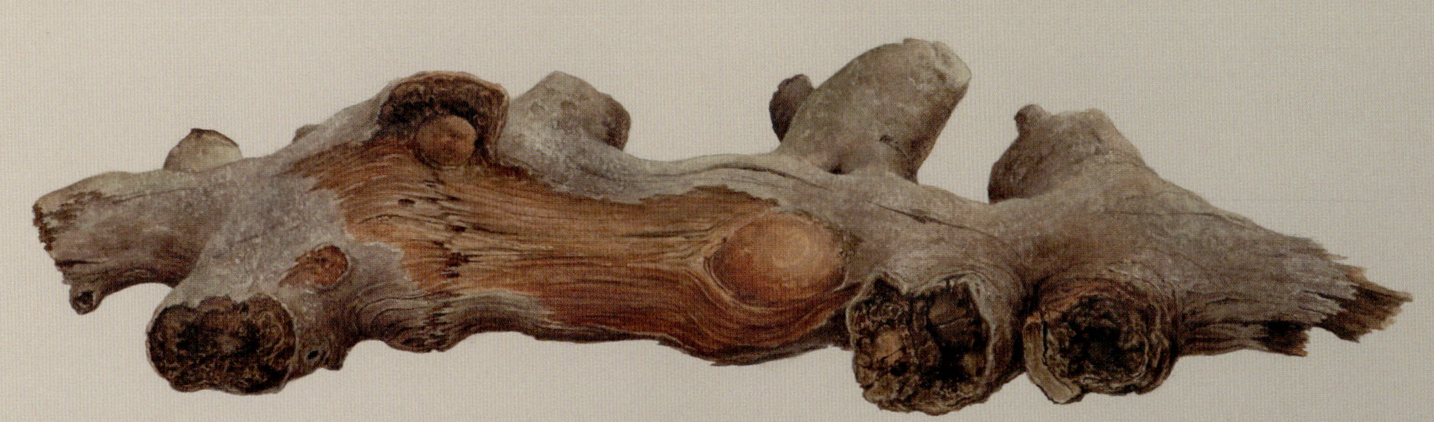

"RAÍZ X"
S. ROCHÍ
2 0 2 0

"sección de tronco"

óleo y acrílico sobre xps de alta densidad
86 x 80 x 72 cm

2023

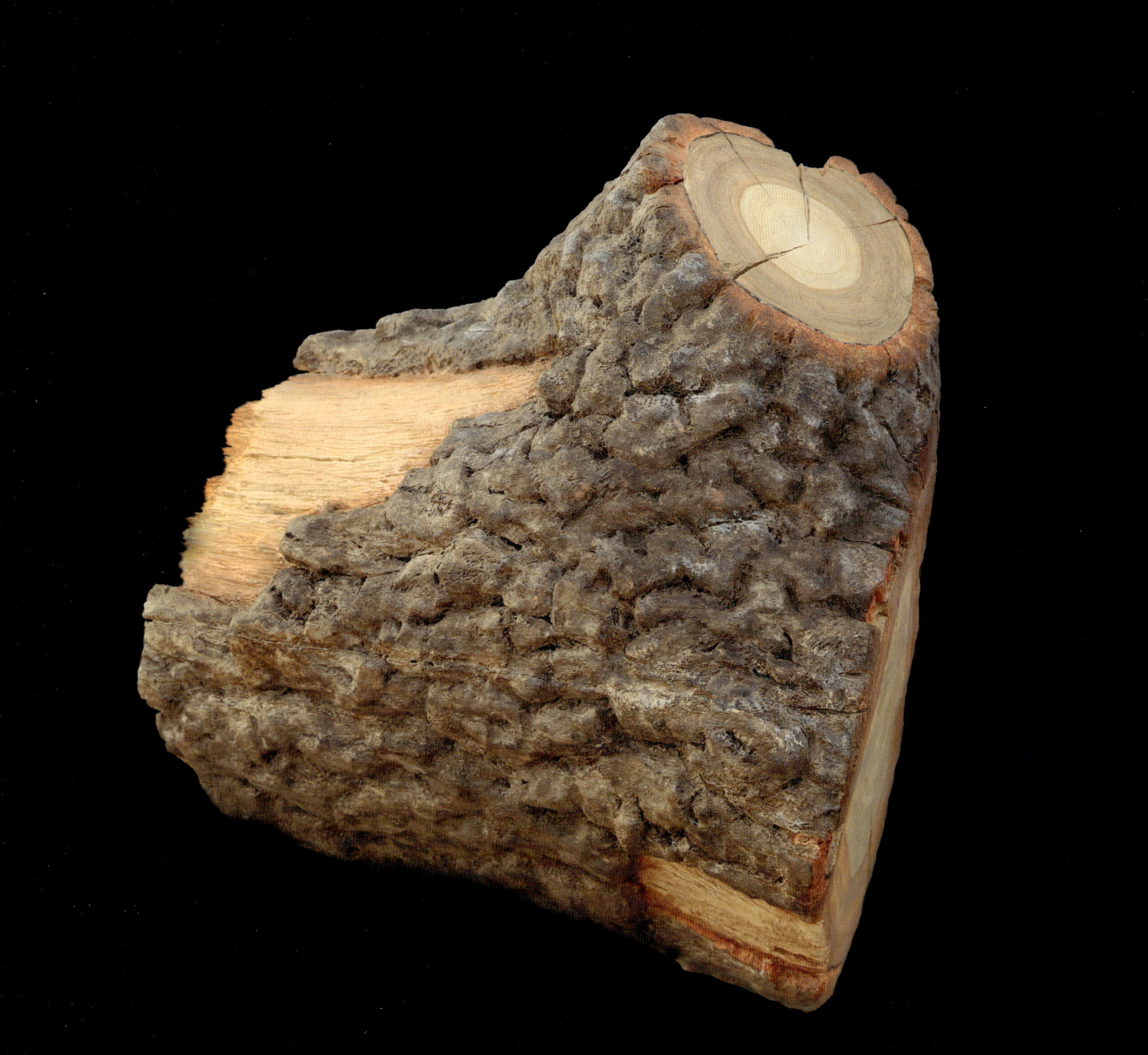

"tronco sobre peana"

óleo sobre lienzo
100 x 100 cm

2020

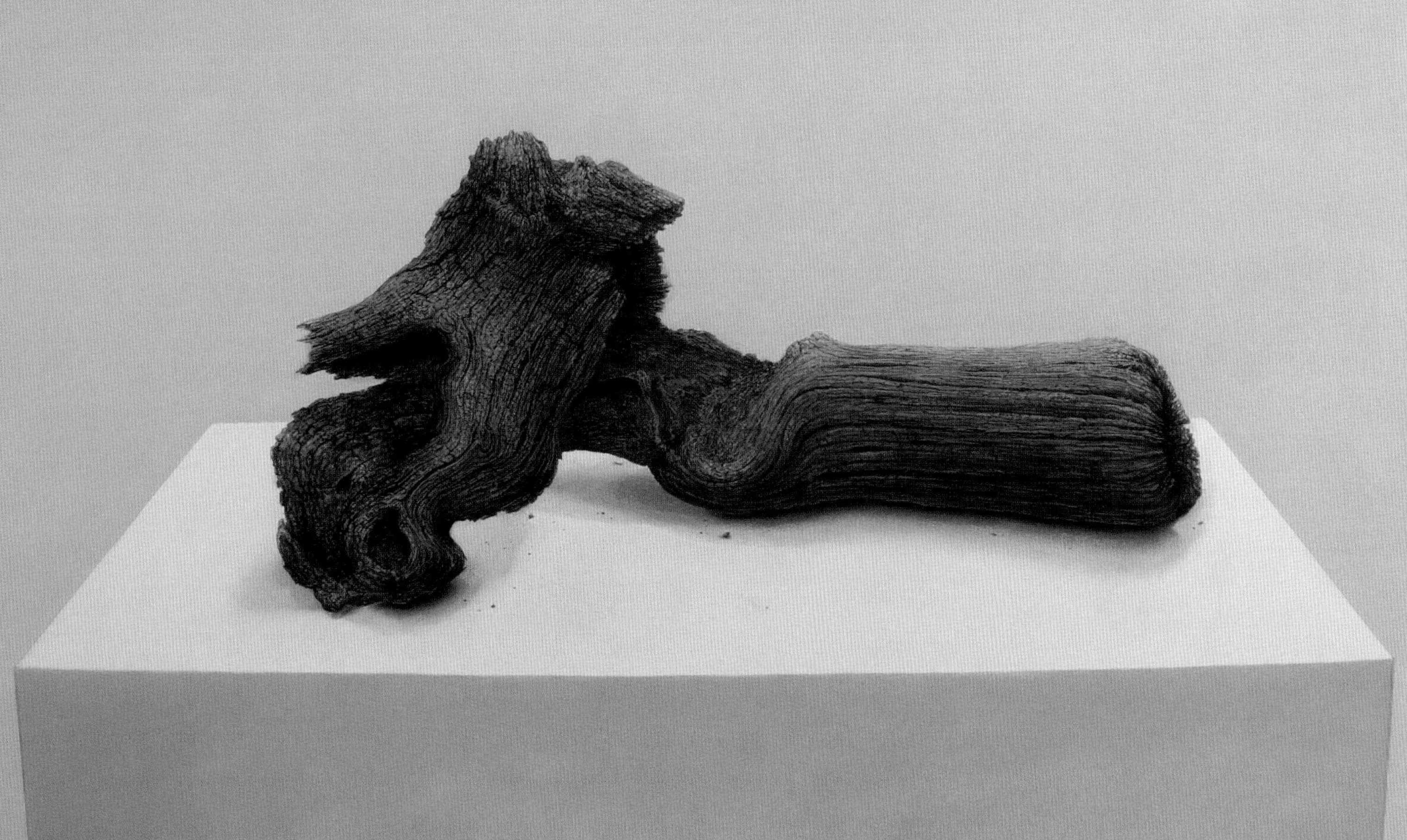

“árbol seco”

óleo sobre lino
120 x 120 cm

2021

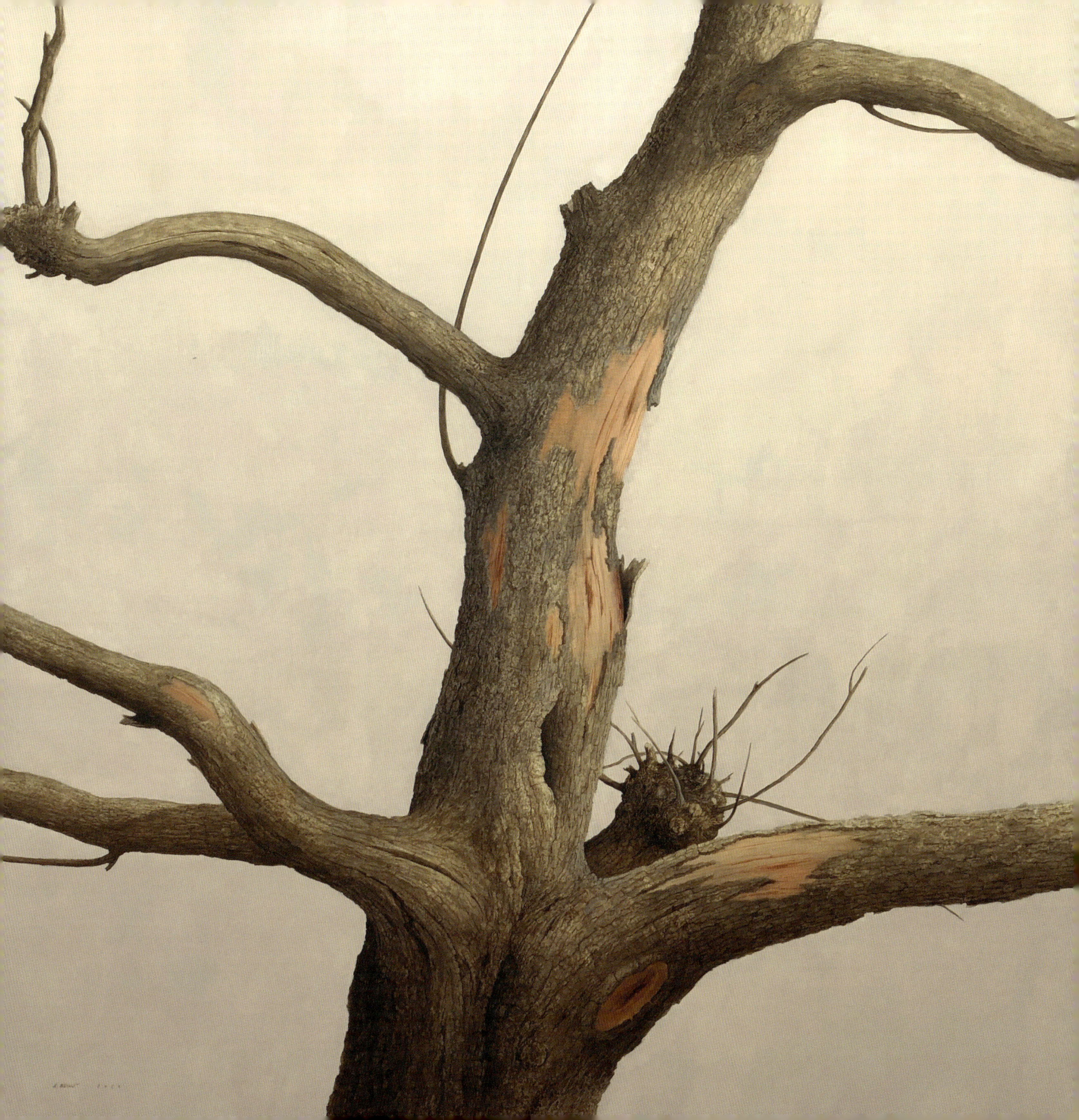

"tronco horizontal"

óleo sobre lino
120 x 120 cm

2023

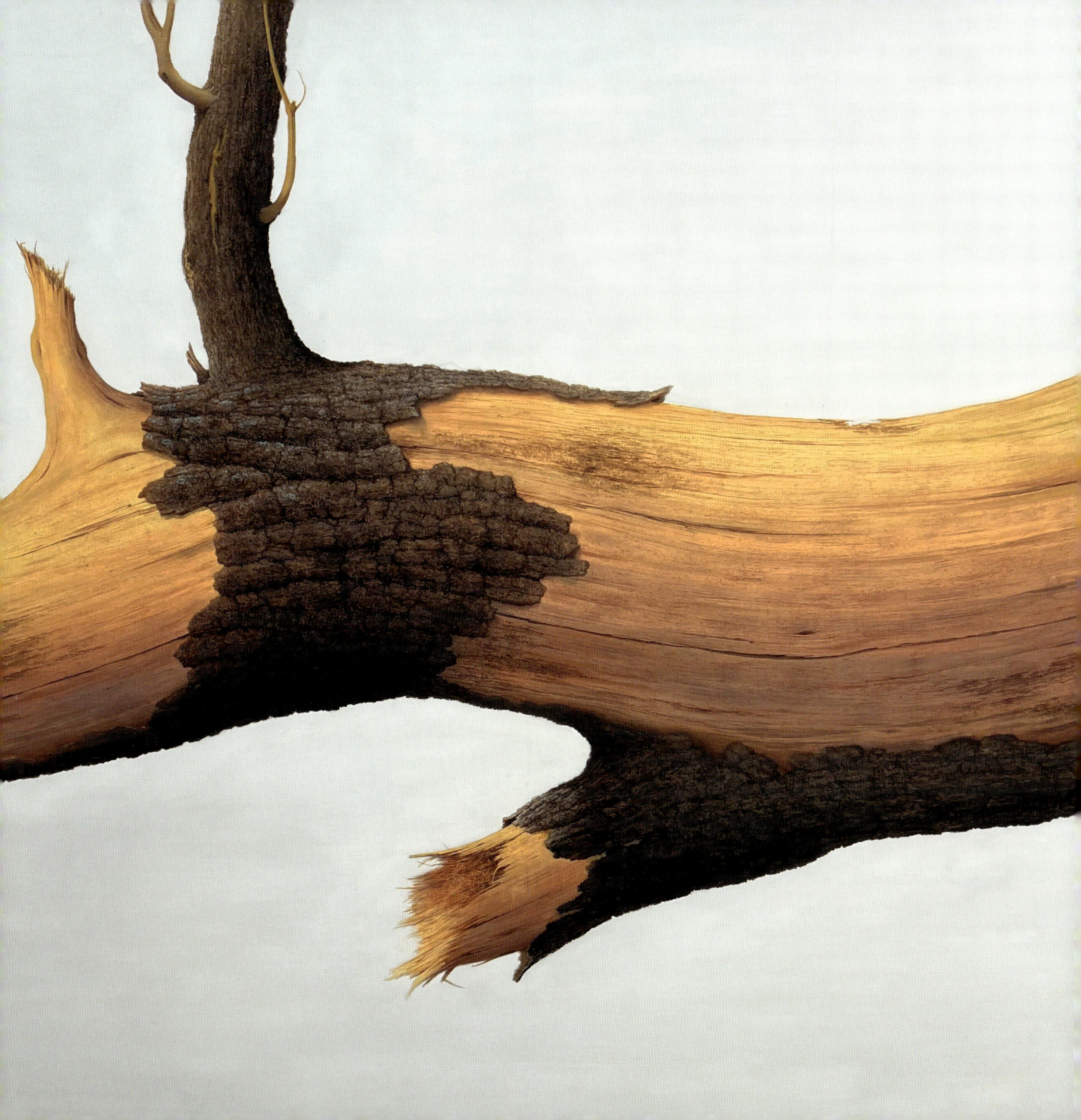

"árbol muerto I"

acuarela sobre papel encolado a tabla
40 x 40 cm

2022

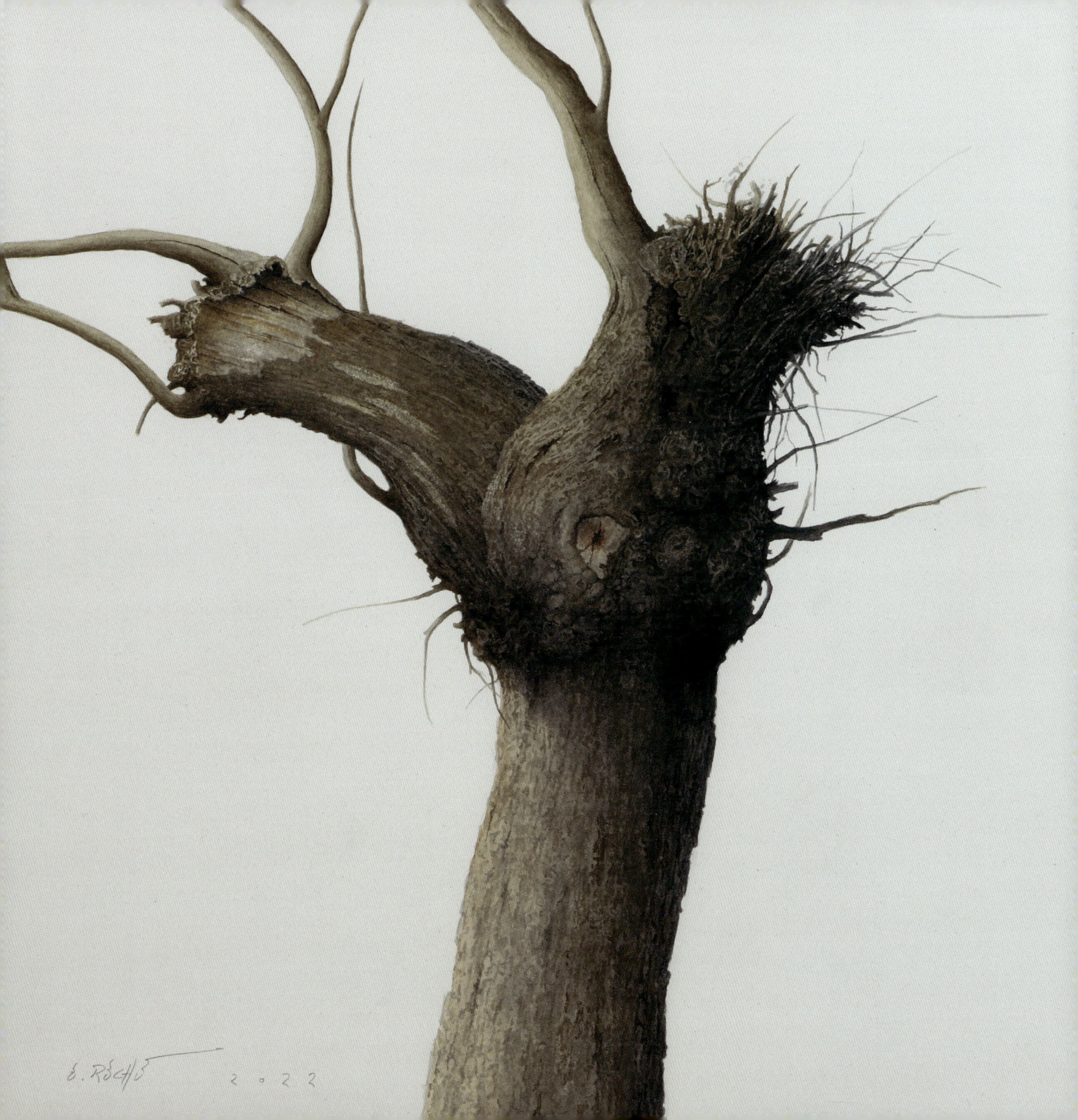

E. Roch
2022

"árbol muerto II"

acuarela sobre papel encolado a tabla
40 x 40 cm

2022

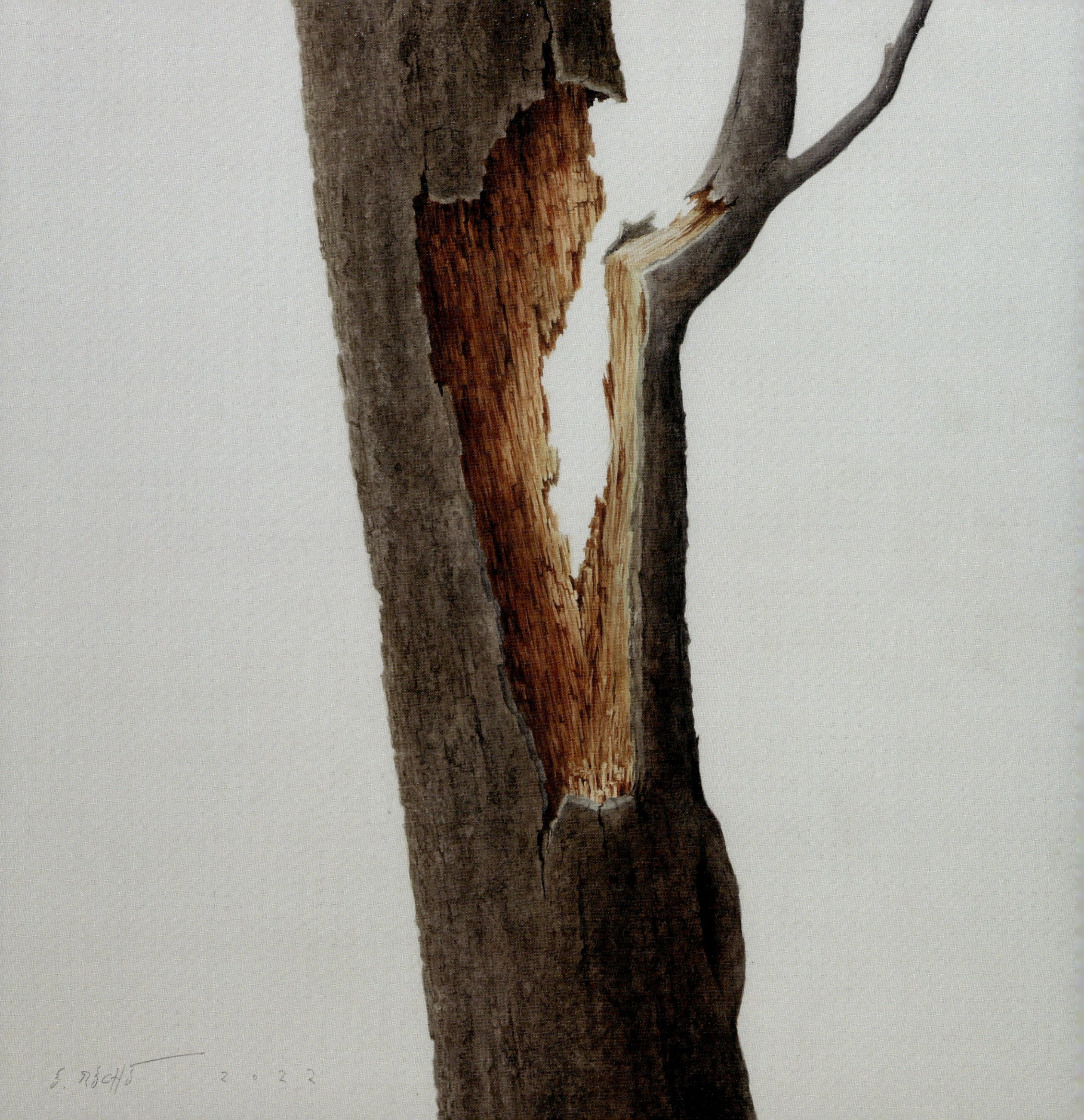
2022

"árbol muerto III"

acuarela sobre papel encolado a tabla
40 x 40 cm

2022

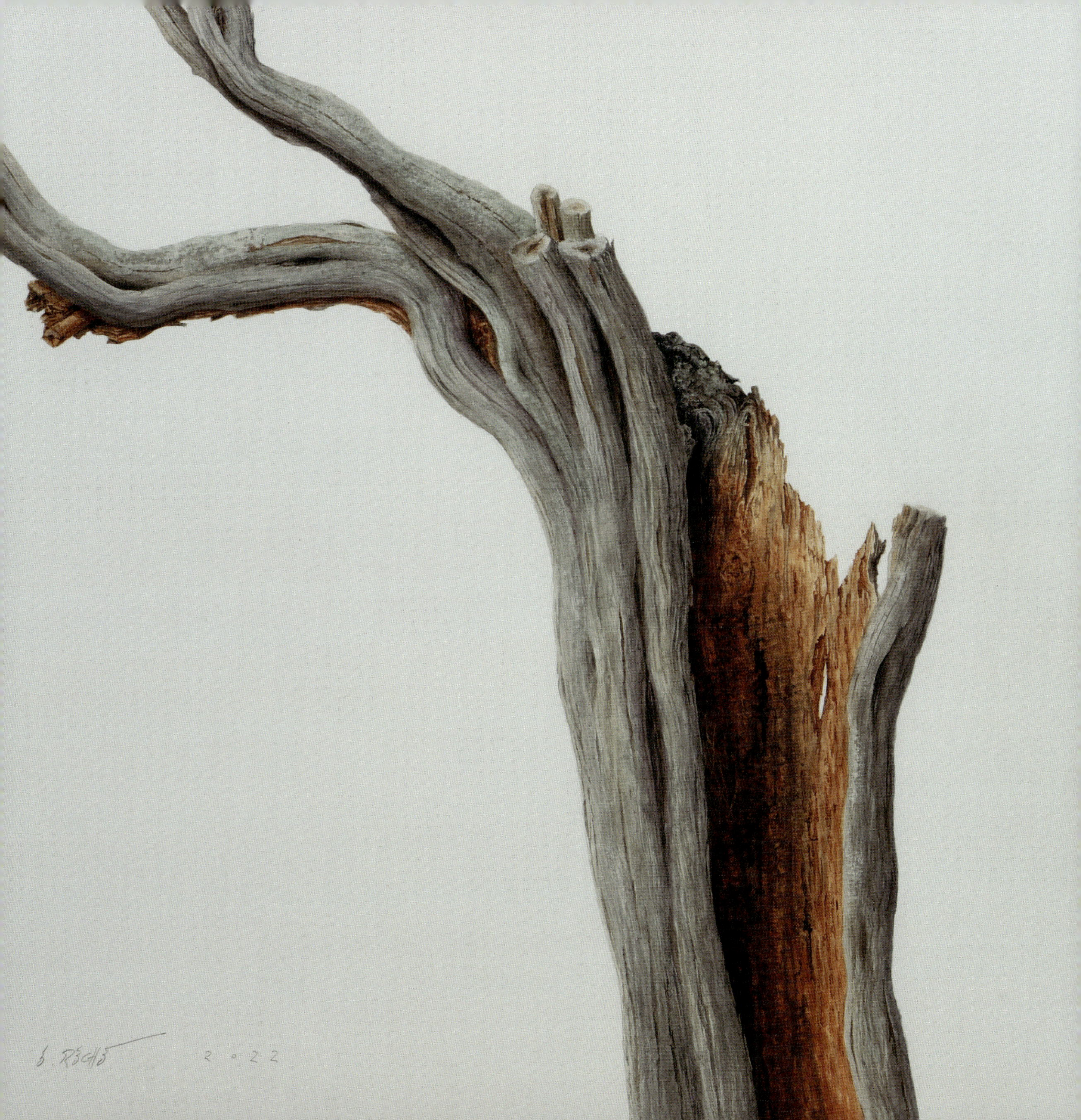

b. RSCH   2 0 2 2

"árbol muerto IV"

acuarela sobre papel encolado a tabla
40 x 40 cm

2022

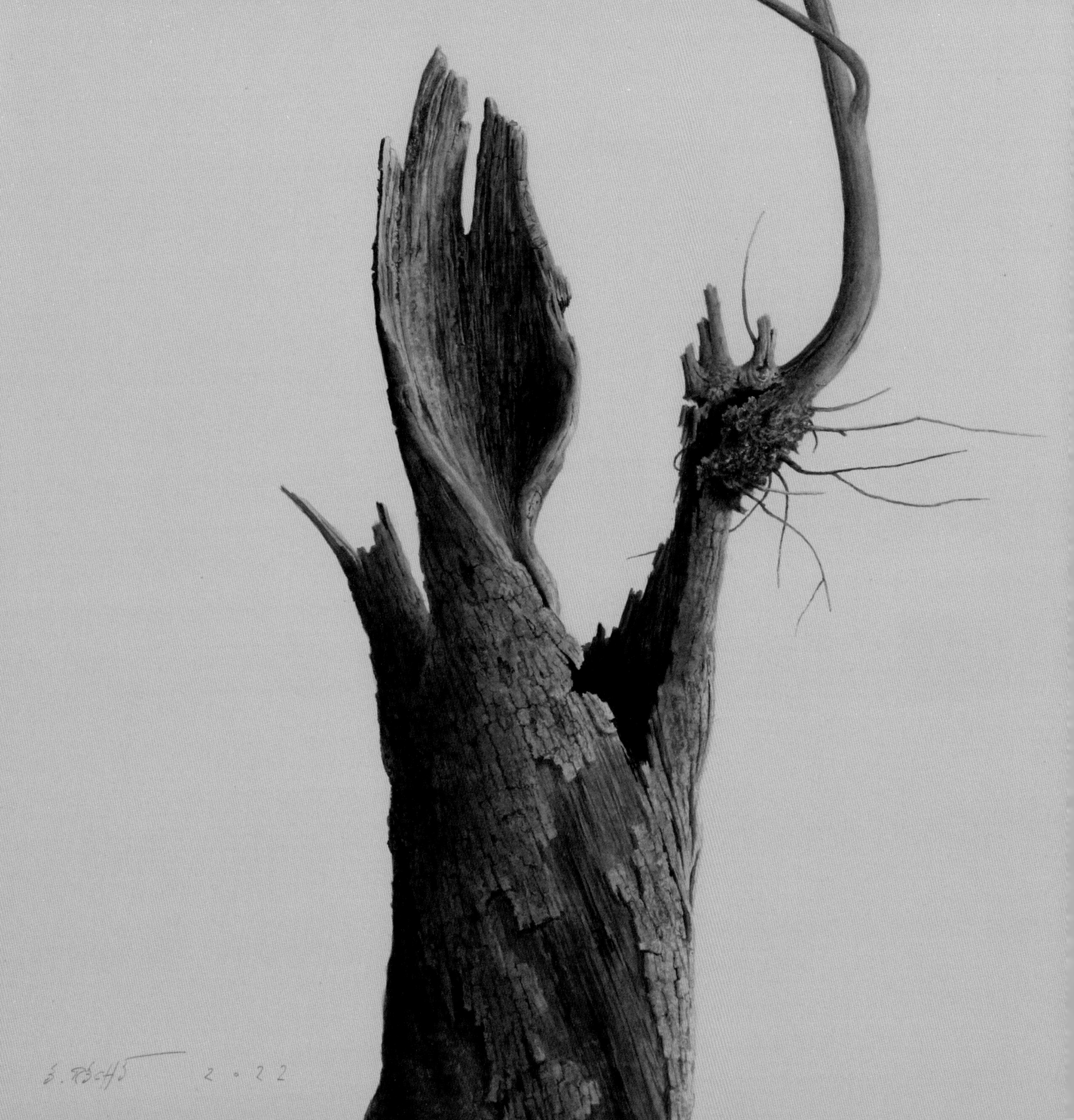

E. PÉREZ   2 0 2 2

serie "PIEL DE ÁRBOL"

14 óleos sobre papel basik de gvarro 370 gr/m^2
70 x 50 cm

2019

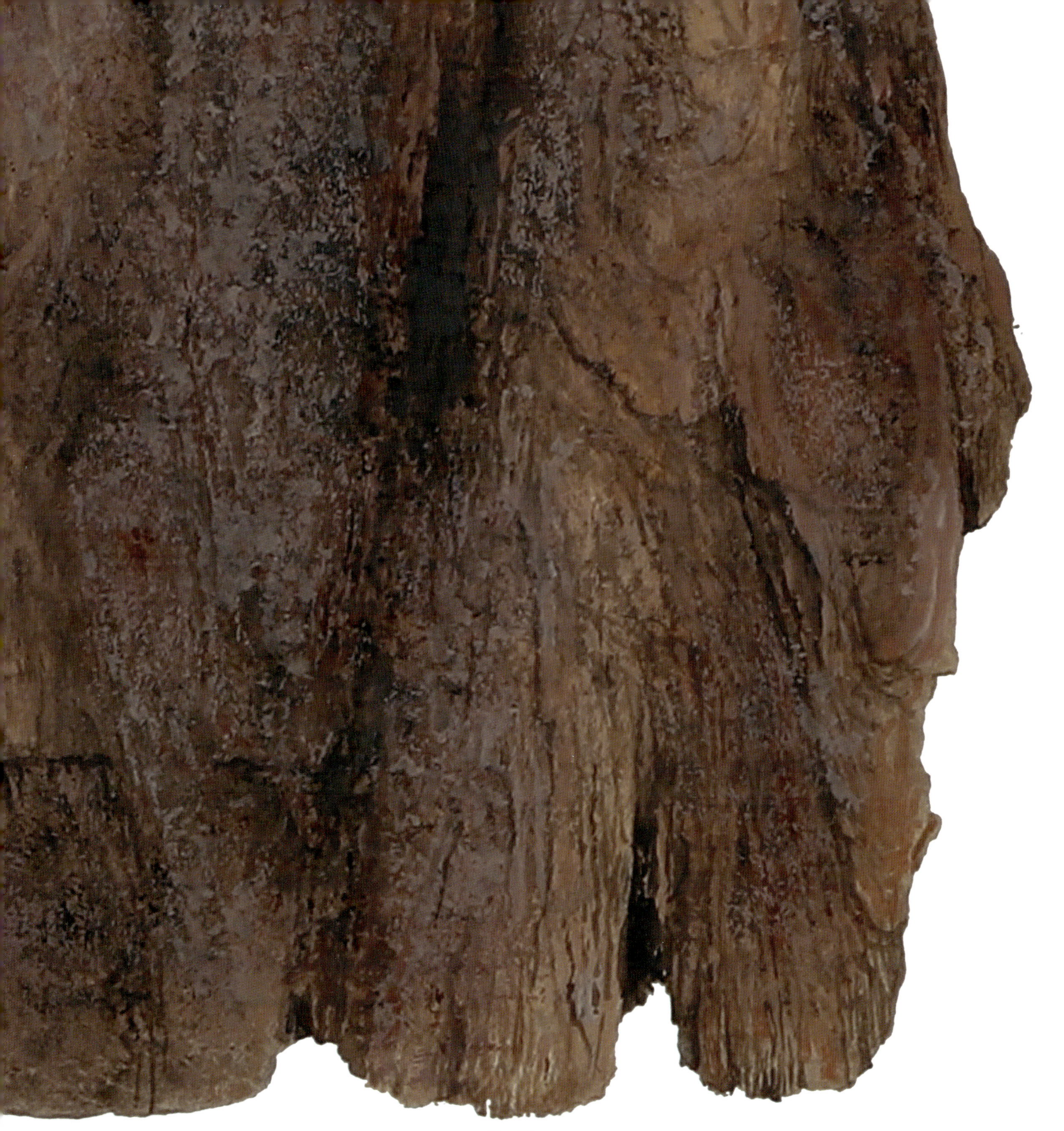

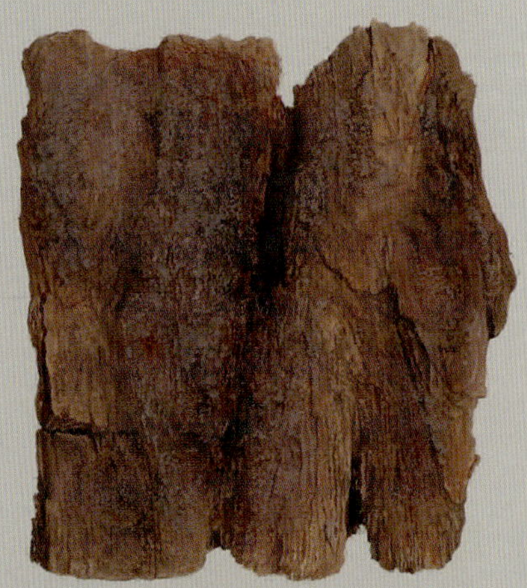

"Piel de árbol I"

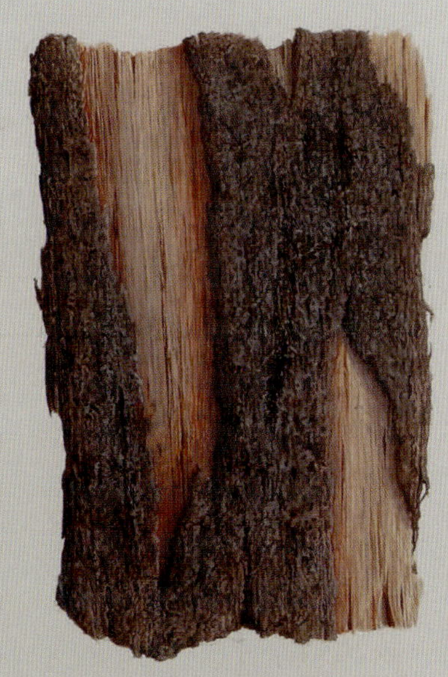

"PIEL DE ÁRBOL II"
2 0 0 9

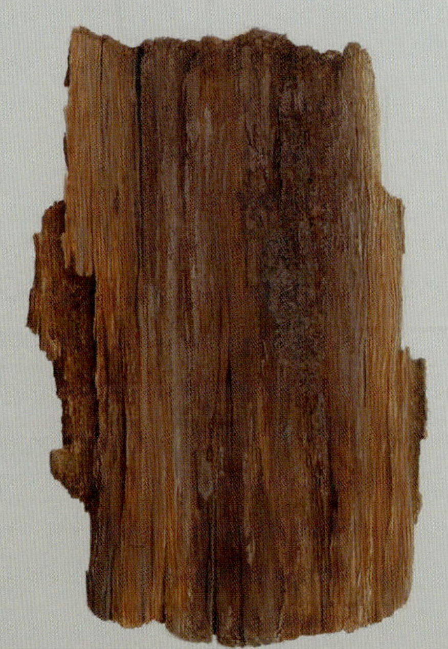

"PIEL DE ÁRBOL III"
S. RICHI
2 0 1 1

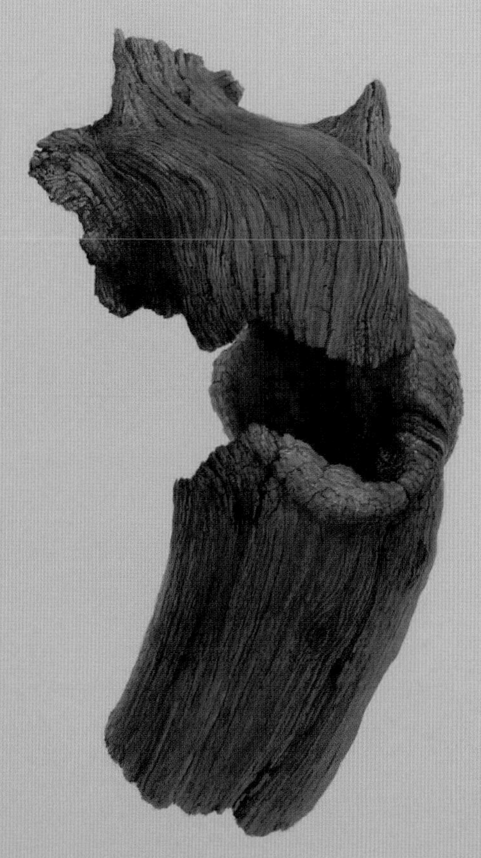
"PIEL DE ARBOL IV"

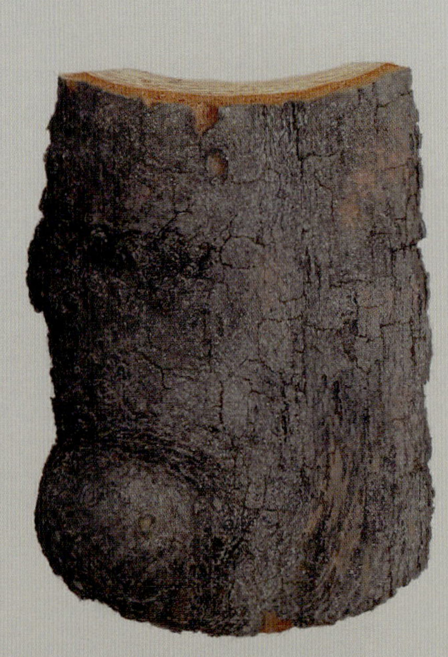

"PIEL DE ÁRBOL I"
J. Roca
2 0 1 0

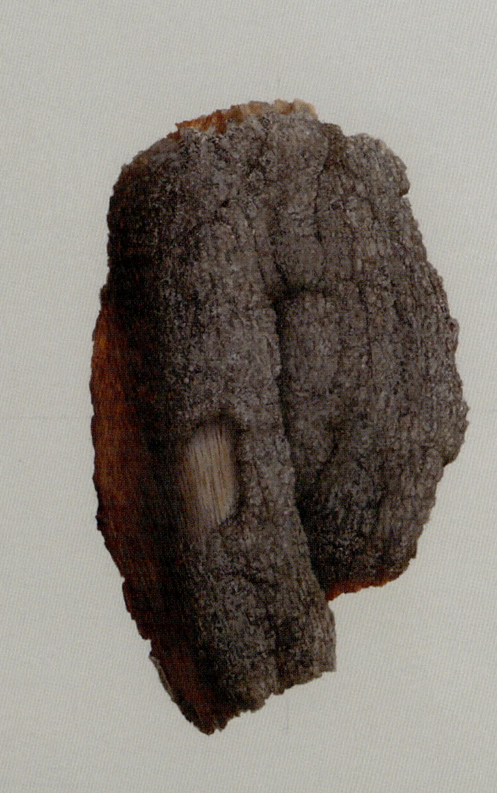
"Piel de árbol" VI
S. Tàbara
2017

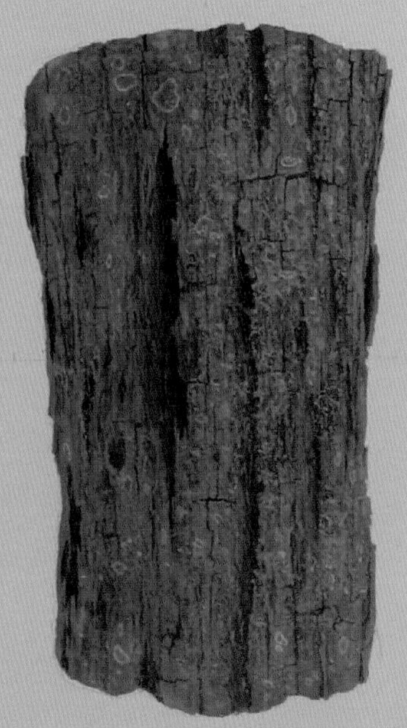

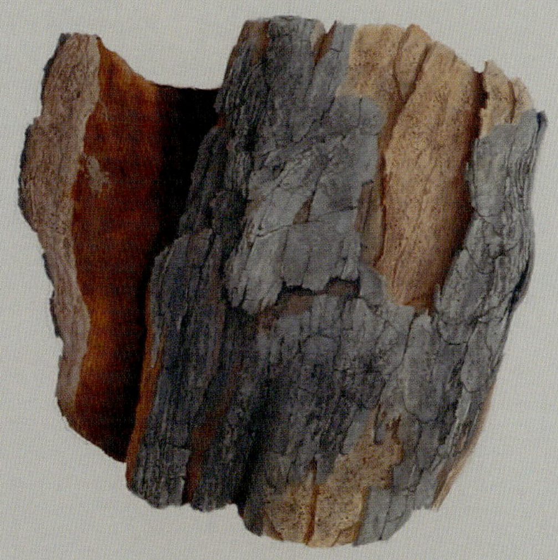

"PIEL DE ÁRBOL VII"
J. PACHO
2 0 1 0

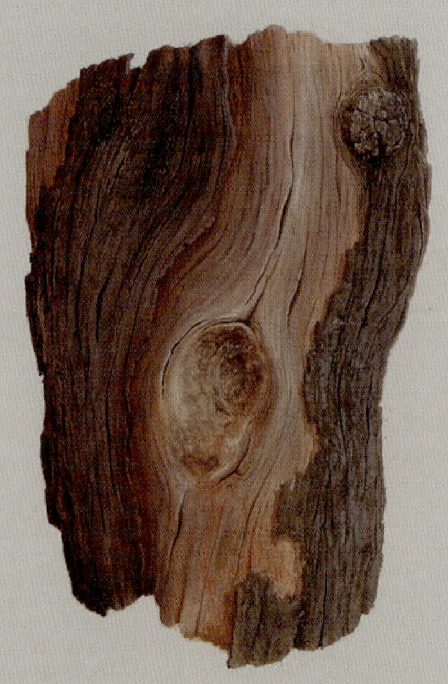

"PIEL DE ARBOL VI"
J. RSAS
2 0 1 9

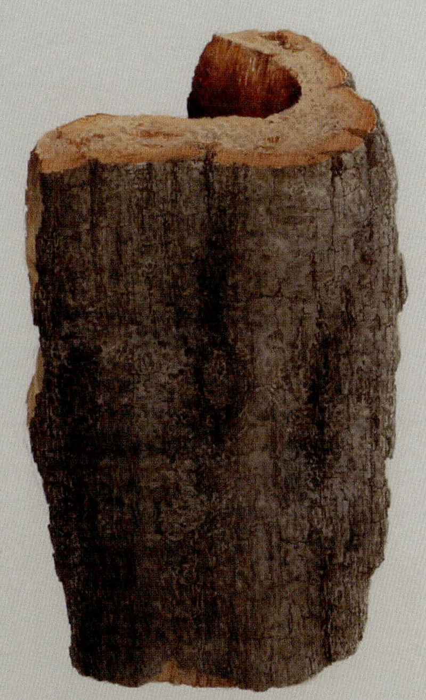

"PIEL DE ARBOL II"
2019

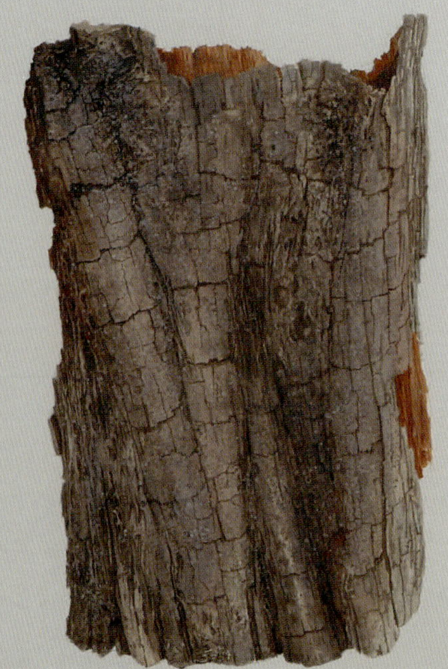

"Piel de árbol VI"

J. Roch

2019

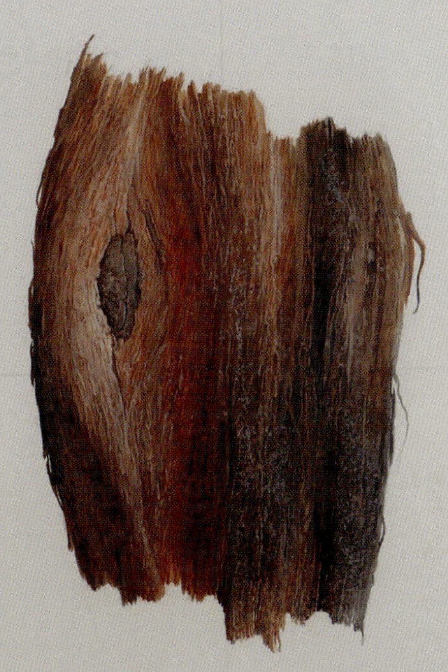

"PEL DE ARBRE" XII
J. Poch
2 0 0 9

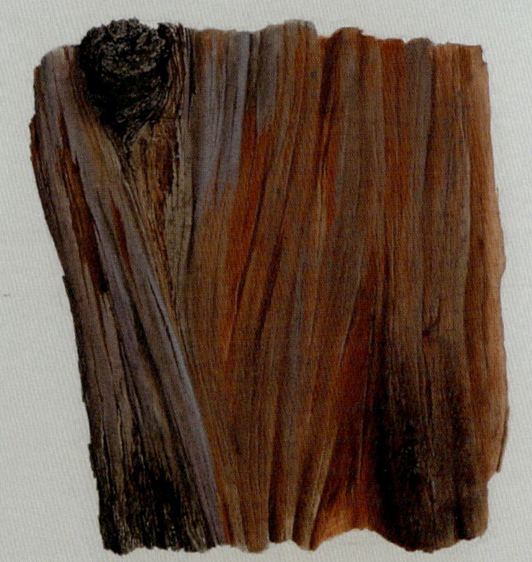

"PIEL DE ARBOL XIII"
S. Roche
2 0 1 4

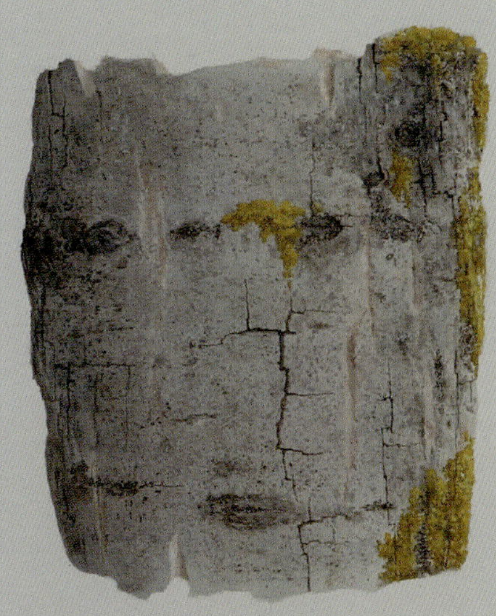

"PIEL DE ARBOL XIV"
S. ROCAS
2 0 1 9

"árbor I"

lápiz y aguada de grafito sobre papel arches 300 gr/m^2
80 x 80 cm

2022

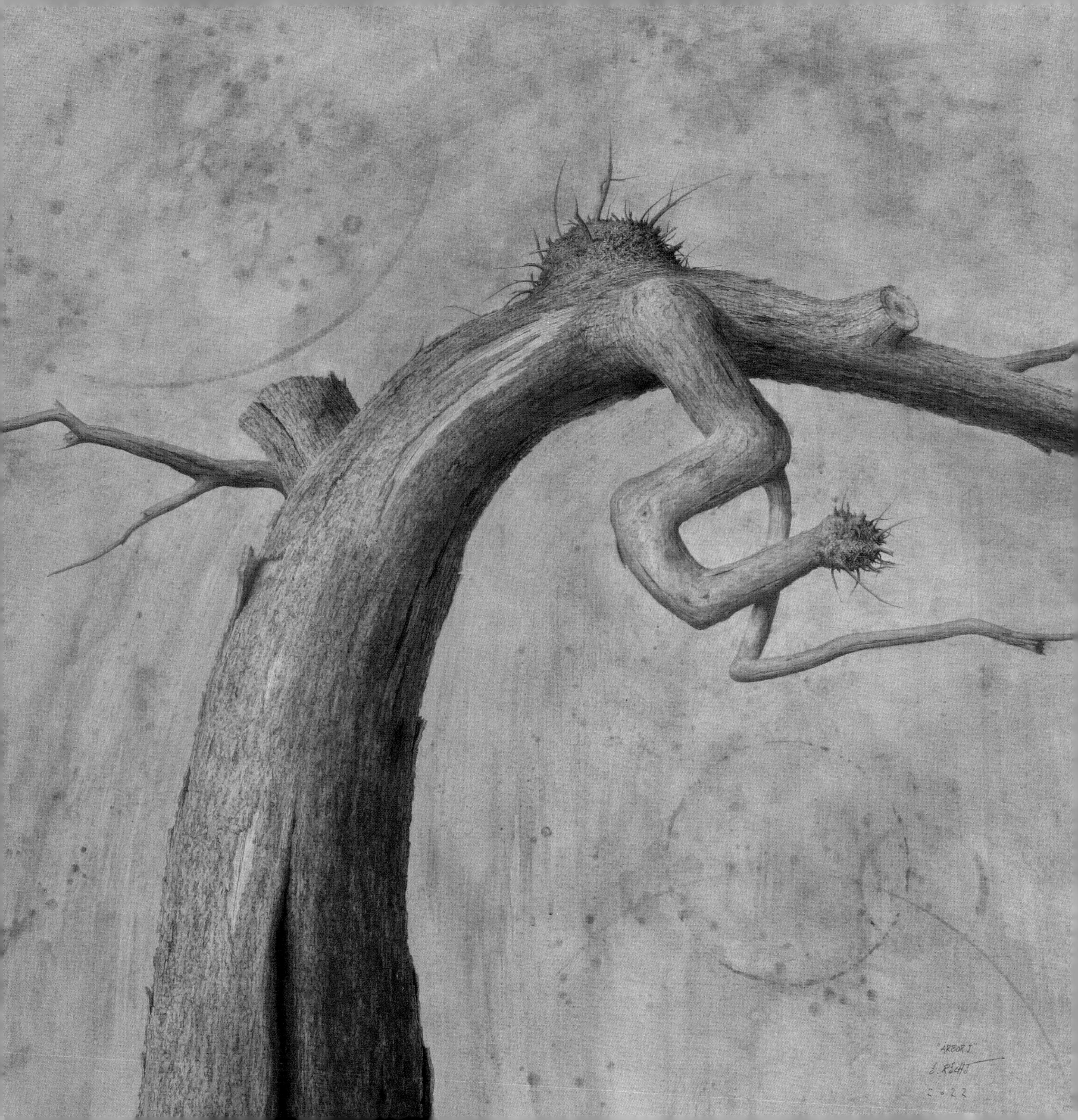

"ÁRBOR I"
E. RÖCH
2022

"árbor II"

lápiz y aguada de grafito sobre papel arches 300 gr/m^2
80 x 80 cm

2022

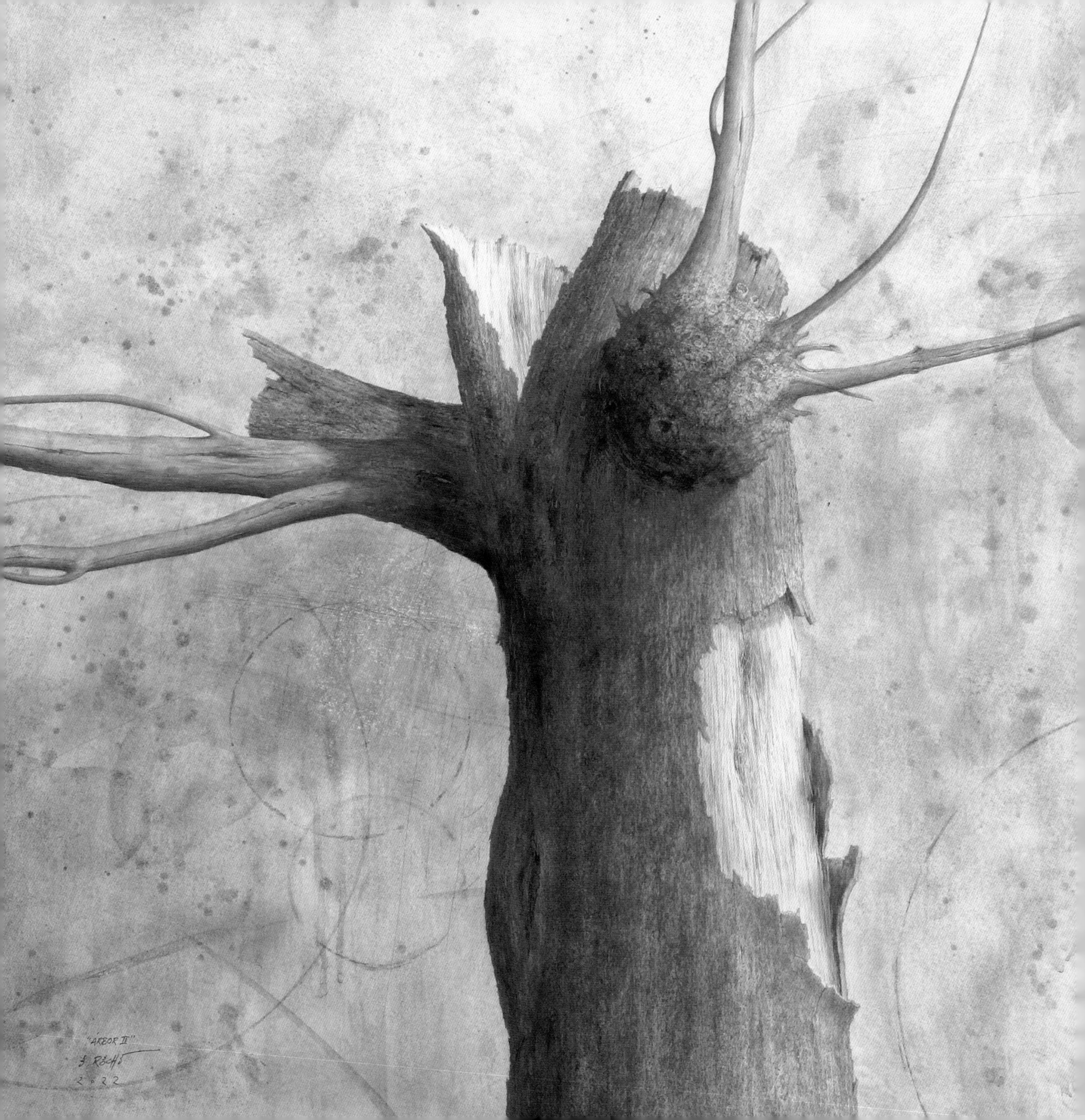

"ÁRBOR II"
J. ROCH
2022

"dry tree I"

lápiz y aguada de grafito sobre papel arches 300 gr/m^2
30 x 30 cm

2023

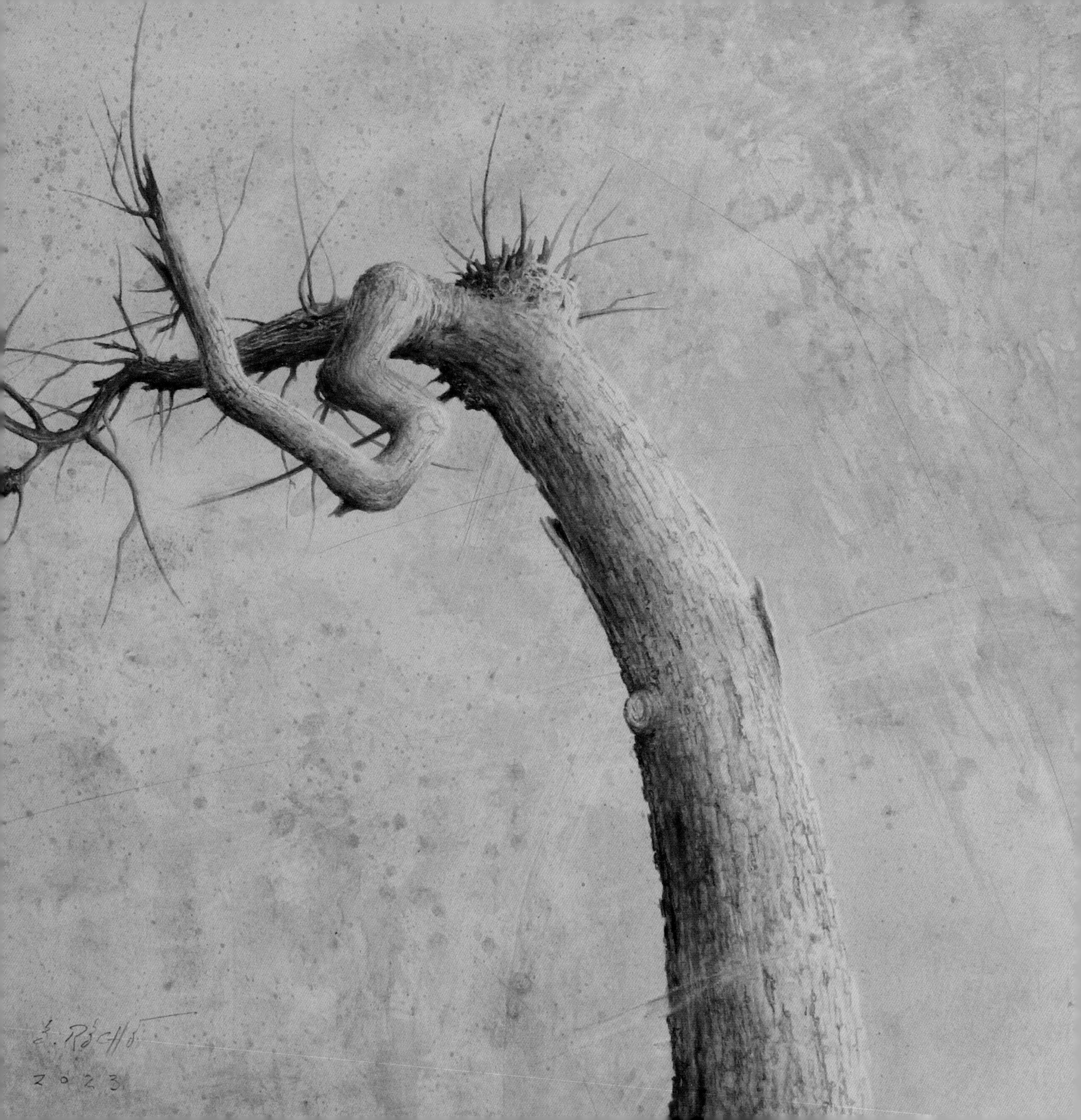

"dry tree II"

lápiz y aguada de grafito sobre papel arches 300 gr/m^2
30 x 30 cm

2023

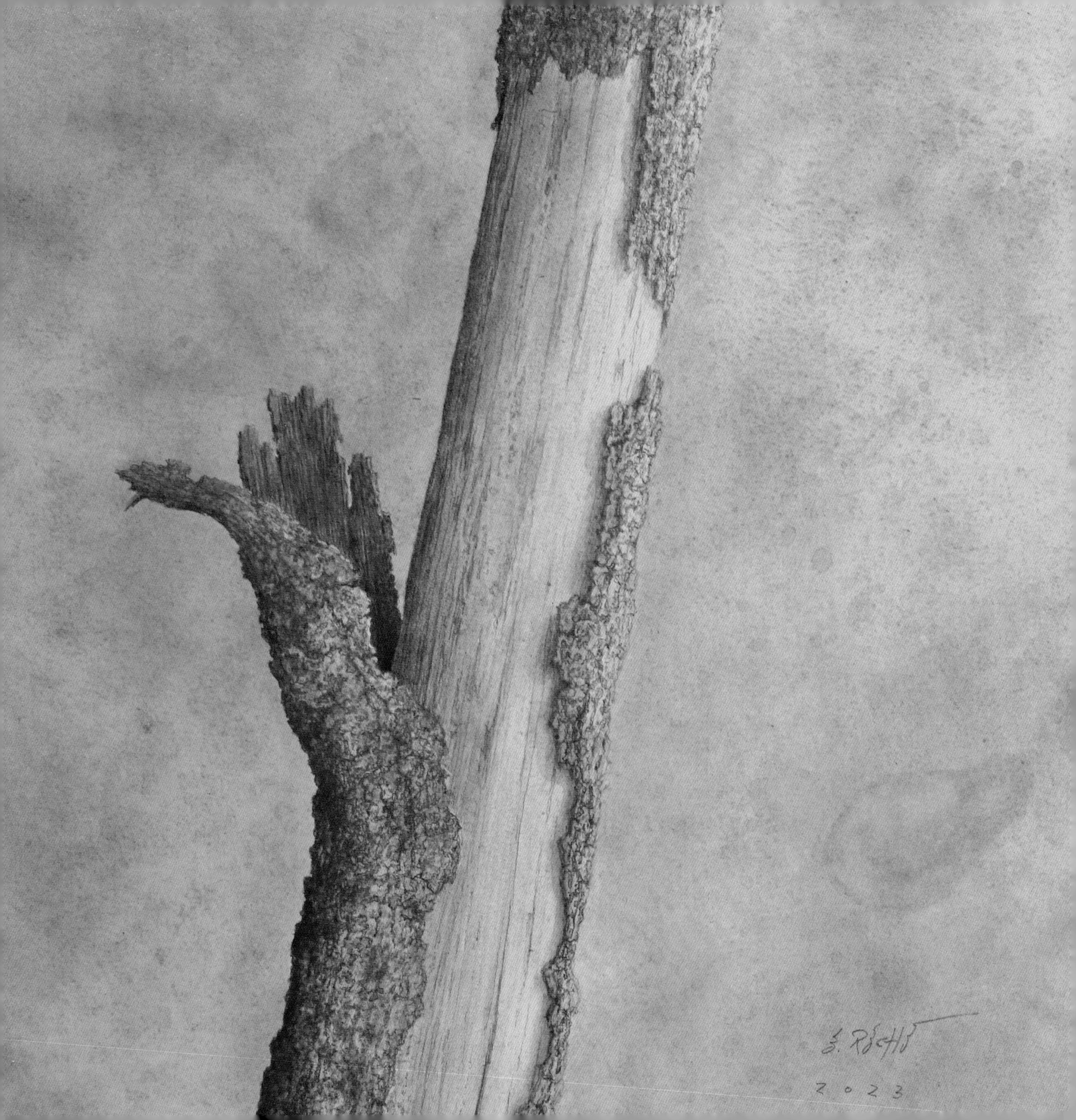

ENRIQUE GONZÁLEZ RECHE

Valladolid 1965

EXPOSICIONES INDIVIDUALES

2025 Galería de Arte Ángel Almeida. Zamora
2023 "Árbol". Museo de Arte Contemporáneo Patio Herreriano. Valladolid
2022 Galería de Arte Rafael. Valladolid
2021 Galería de Arte Ángel Almeida. Zamora
2019 Galería de Arte Lorenzo Colomo. Valladolid
2018 Galería de Arte Ángel Almeida. Zamora
Galería de Arte Bernesga. León
2016 Sala de Exposiciones Teatro Calderón. "Obra en los Talleres de Antonio López". Fundación Municipal de Cultura. Valladolid.
2015 Galería de Arte Bernesga. León
Galería de Arte Lorenzo Colomo. Valladolid
2014 Galería de Arte Ángel Almeida. Zamora
2013 Galería de Arte Tioda. Gijón
2012 Galería de Arte Lorenzo Colomo. Valladolid
Galería de Arte Bernesga. León
2011 Galería de Arte Espacio 36- Angel Almeida. Zamora
2010 Galería de Arte Lorenzo Colomo. Dibujos (2000 - 2010) Valladolid
2009 Galería de Arte Lorenzo Colomo. Valladolid
Galería de Arte Murillo. Oviedo
Galería de Arte Espacio 36. Zamora
2008 Galería de Arte Sokoa. Madrid
Galería de Arte Bernesga. León
2007 Galería de Arte Marietta Negueruela. Palencia
2006 Galería de Arte Murillo- Oviedo
Galería de Arte Paloma 18. Burgos

2005 Galería de Arte Lorenzo Colomo. Valladolid
Galería de Arte Espacio 36. Zamora
2003 Galería de Arte Espacio 36. Zamora
Galería de Arte Teresa Cuadrado. Valladolid
2002 Galería de Arte Paloma 18. Burgos
2001 Galería de Arte Estudi d'Art. Barcelona
2000 Galería de Arte Espacio 36. Zamora
1999 Galería de Arte Paloma 18. Burgos
Galería de Arte Lorenzo Colomo. Valladolid
1998 Galería de Arte Espacio 36. Zamora
Galería de Arte Estudi d'Art. Barcelona
Sala de Exposiciones BBVA. Valladolid
1996 Galería de Arte Grial. Madrid
Galería de Arte Estudi d'Art. Barcelona
1995 Sala de Exposiciones BBV. Valladolid
1993 Sala de Exposiciones BBV. Valladolid
1991 Sala de Exposiciones Caja España. Valladolid
1989 Sala de Exposiciones BBV. Valladolid

EXPOSICIONES COLECTIVAS (RESUMEN)

2020 Once de diez. Galería Ángel Almeida. Zamora
2016 20 Pintores Figurativos Contemporáneos. Galería Ángel Almeida. Oporto (Portugal)
2012 Guayasamin, Pilar Arturo y Enrique Reche. Galería Murillo. Oviedo
Colectiva. Galería de Arte Tioda. Gijón
2011 "La Pandereta Pintada". Sala de Exposiciones Teatro Zorrilla. Valladolid
2010 Fondos. Galería de Arte Lorenzo Colomo. Valladolid
2009 COLECTIVA 2009. Galería de Arte Sokoa. Madrid
ART IN THE SUMMER TIME. Galería de Arte Espacio 36. Zamora

2008 REALISMO ACTUAL. Galería de Arte Sokoa.
Madrid
2007 Reche - Bordell. Colección Hospital
Recoletas. Zamora
2006 18 Bienal de Pintura Ciudad de Zamora
PEQUEÑO FORMATO. Galería de Arte
Alfama. Madrid
El Ingenioso Hidalgo Don Quijote de la
Mancha. 25 estampas.
Generalkonsulats der Bolivarischen
Republik Venezuela. Frankfurt. (Alemania)
2005 Artistas solidarios con las Víctimas del
Tsunami. Valladolid Premio Penagos
de Dibujo. Fundación Cultural Mapfre.
Madrid
El Ingenioso Hidalgo Don Quijote de la
Mancha. 25 estampas Generalkonsulat
Spanien. Hannover (Alemania)
10º Aniversario de la Galería Lorenzo
Colomo. Valladolid
El Ingenioso Hidalgo Don Quijote de la
Mancha. 25 estampas. Universität zu Köln.
Galerie in dem Hauptgebäude. Colonia
(Alemania)
El Ingenioso Hidalgo Don Quijote de la
Mancha. 25 estampas. Museo Casa de
Cervantes
2004 Galería de Arte Teresa Cuadrado. Fondos.
Valladolid
Premio Penagos de Dibujo. Fundación
Cultural Mapfre. Madrid
Feria de Arte Contemporáneo. Santander
17 Bienal de Pintura Ciudad de Zamora
2003 Premio Penagos de Dibujo. Fundación
Cultural Mapfre. Madrid
Feria de Arte Contemporáneo. Santander
2002 Feria de Arte Contemporáneo de Castilla
y León. Salamanca
2001 Feria de Arte Contemporáneo. Santander
SOPORTE PARA DOS. Reche - Ostern.
Valladolid

Feria de Arte Contemporáneo de Castilla
y León. Salamanca
SOPORTE PARA DOS. Reche - Ostern.
Burgos
2000 Feria de Arte Contemporáneo. Santander
Feria Internacional de Arte
Contemporáneo. Gante (Bélgica)
Feria de Arte Contemporáneo de Castilla
y León. Salamanca
1999 Feria de Arte Contemporáneo. Sevilla
Feria de Arte Contemporáneo. Málaga
Exposición Premios Zarcillo. Museo del
Vino. Peñafiel. Valladolid
1997 64 Salón de Otoño. Madrid
Premios Fray Luis de León. Junta de
Castilla y León. Valladolid
Feria de Arte Contemporáneo de Castilla
y León. Salamanca
1996 63 Salón de Otoño. Madrid
1994 VI Certamen Nacional de Minicuadros
Caja de Madrid. Madrid
1990 XIII Salón de Otoño Caja de Extremadura.
Plasencia
XII Certamen Nacional de Pequeño
Formato. Caja de Madrid. Madrid
1986 XVI Concurso de Arte Juvenil de Pintura.
Caja España. Valladolid

PREMIOS

2016 Premio adquisición Ayuntamiento de
Albacete. Taller Antonio López
2015 Premio adquisición Fundación Caja de
Ávila. Cátedra Francisco de Goya de
dibujo, taller
Antonio López y Julio López.
1999 Primer Premio. Certamen Nacional de
Pintura Zarcillo. Junta de Castilla y León.
Valladolid
1996 Segundo Premio. Concurso Nacional de
Pintura Vela Zanetti. Burgos

Finalista. XIV Premio de Pintura "Blanco y
Negro" de ABC. Madrid

1995 Premio Nacional Santiago de Santiago. 62
Salón de Otoño. Madrid

1994 Mención de Honor. Salón de Otoño.
Valladolid

1993 Primera Medalla. Salón de Otoño.
Valladolid

1992 Premio Especial de Pintura Ayuntamiento
de Valladolid.

1990 Segundo Premio. VIII Concurso Nacional
de Pintura Rápida. Valladolid
Finalista. II Concurso de Pintura Joven de
Castilla y León. Valladolid

1989 Tercer Premio. Concurso de Pintura Villa
de Tordesillas

BECAS Y CURSOS

2019 VIII Curso de Realismo y Figuración.
Antonio López. Fundación de Arte Ibáñez-
Cosentino. Olla del Río (Almería). Mayo.
Cátedra extraordinaria ciudad de
Albacete. Antonio López. Enero

2018 VII Curso de Realismo y Figuración.
Antonio López. Fundación de Arte
Ibáñez-Cosentino. Olla del Río (Almería).
Mayo.
Cátedra extraordinaria ciudad de
Albacete. Antonio López. Enero

2017 VI Curso de Realismo y Figuración.
Antonio López. Fundación de Arte
Ibáñez-Cosentino. Olula del Río (Almería).
Mayo.
Cátedra extraordinaria ciudad de
Albacete. Antonio López. Enero

2016 Cátedra extraordinaria ciudad de
Albacete. Antonio López. Enero.
V Curso de Realismo y Figuración.
Antonio López. Fundación de Arte

Ibáñez-Cosentino. Olula del Río (Almería).
Mayo.

2015 Cátedra extraordinaria ciudad de
Albacete. Antonio López. Enero.
IV Curso de Realismo y Figuración.
Antonio López. Fundación de Arte
Ibáñez-Cosentino. Olula del Río (Almería).
Mayo.

2014 Cátedra Francisco de Goya. Dibujo.
Antonio López y Julio López.
Fundación Caja de Ávila. Septiembre.
III Curso de Realismo y Figuración. Antonio
López. Museo Casa Ibañez.
Olula del Río (Almería). Mayo.

2013 Maestros de la Figuración. Taller Antonio
López - Juan José Aquerreta.
Universidad de Navarra. Octubre.
Cátedra Francisco de Goya. Antonio
López. Fundación Caja de Ávila.
Septiembre.
Taller CREART. Antonio López - Cristóbal
Toral.
LAVA (Laboratorio de las Artes de
Valladolid). Febrero - marzo.

COLECCIONES PÚBLICAS

Fundación Siglo. Colección Arte
Contemporáneo Junta CyL
Ayuntamiento de Valladolid
Palacio de Congresos y Exposiciones de
Salamanca
Universidad de Valladolid
Junta de Castilla y León
Museo de Arte Contemporáneo de Salamanca
Diputación de Valladolid
Fundación Centro Etnográfico Joaquín Díaz
Fundación Caja de Ávila
Ayuntamiento de Albacete
Palacio Real de Valladolid